PART 2 出発地別・「青春18きっぷ」おすすめコース63 …… 29

PART 1

「青春18きっぷ」の使い方

―基本編―

「青春18きっぷ」って?

『青春18きっぷ』は国鉄時代の昭和57年春に『青春18のびのびきっぷ』として発売された、全国のJR線普通・快速列車に乗り放題という企画商品。使い方によってはかなりおトクな旅行が楽しめる。賢い使い方を覚え、仲間で、ひとりで、『青春18きっぷ』の旅を存分に楽しんで欲しい。

ひと目でわかる「青春18きっぷ」

1 **年齢制限はないから、誰でも使える。**

2 **全国のＪＲ線の普通・快速列車に乗り放題。**

3 **1枚1万1500円で5回(人)分。**

4 **春・夏・冬の設定された期間に使える。**

JR各社の普通列車には乗れるが、特急／急行には料金を払っても乗れない、ということ。

JRグループの企画商品で、商品名は「青春18きっぷ」。

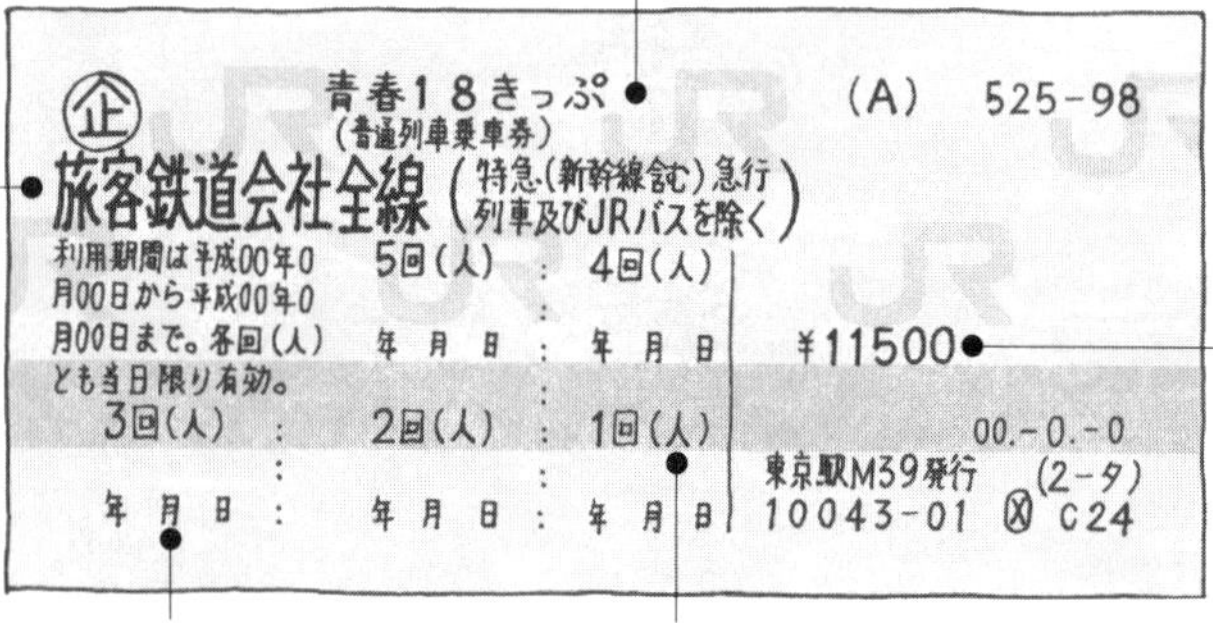

利用開始のスタンプを押したら、その日の24時まで（列車の運転が翌日にまたがる場合は最初の停車駅まで。また、東京・大阪の電車特定区間は終電まで）有効。

スタンプを押す場所は全部で5カ所。有効期間中に5回（人）まで使える。

発売価格は1枚1万1500円。こども用の価格は設定なし。

Q 01

18歳以上でも使えますか？

★年齢制限はありません。老若男女、誰でもＯＫ。こどもも同じ料金です。

『青春18きっぷ』を初めて利用しようとする人たちが、まず疑問に思うのが「18歳までしか使えないのでは？」ということ。名称にはっきり「青春」「18」とあるだけに、若者のためのきっぷと思われるのはやむを得ないところだが、そのココロは「18歳の青春の心をいつまでも持ち続ける旅を」というものなのだ。

つまり、『青春18きっぷ』には、年齢制限は一切なし。いくつでも、誰でも使える。実際、『青春18きっぷ』で旅行をしていると年配の方が利用している姿をよく見かける。気持を若く持って堂々と利用して欲しい。

ただし、他の運賃・料金のようなこども料金の設定はない。こどもが使っても、１枚１万１５００円ということになる。

また、幼児が一緒の場合は、普通乗車券と同様に２人まで無料で乗車できる。

Q
02

1枚に5回分って？

★5回の1日券が1枚のきっぷに。

『青春18きっぷ』は、1枚のきっぷに利用開始のスタンプを押す欄が5つある。利用を始める時に駅の改札など（無人駅から乗車する場合は列車の乗務員に申し出る）でここにスタンプを押してもらうと、その日1日このきっぷを使うことができる。

2回目以降は、「2回（人）」の欄にスタンプを押してもらい、同じきっぷを使っていくことになる。

Q
03

グループで使えますか？

★全員が同じ行程なら1枚で最大5人まで同時に使えます。

全員が同じ行程であれば、1枚の『青春18きっぷ』を何人かで使うこともできる。使用を開始する時に、人数分のスタンプを押してもらうことになるので、1枚で最大5人まで使えるというわけだ。

実際に使うとなると、〝同じ行程〟という条件の通り、使用を開始する駅に全員が揃ったところでスタンプを押してもらい、そこから使用をスタート。旅程中も全員がいっしょに乗車、下車をし、帰りもどこかの駅で全員で下車、そこからの帰路分の乗車券をそれぞれ購入し、帰路につく、ということになる。もちろん、５人グループで同じ行程の日帰り旅行なら１枚でＯＫ。

また、１回分は１人で日帰り旅行に使い、残りの４回分を４人グループの日帰り旅行で使用するという使い方もＯＫだ。

それまで１枚１枚が独立する形になっていた『青春18きっぷ』が、１９９６年春から５回分が１枚という現在のスタイルになったのは、チケットショップなどでバラ売りされることを防止するのが狙いといわれた。結果、同時に多人数で使う場合の自由度が低下してしまったのは残念。

また、スタンプを押して使い始めた分を、その日のうちに他人に譲渡することはできない。１個のスタンプで同じ日に複数の人間が使い回しするというのは規則違反となる。

Q 04

一年中使えますか？

★春・夏・冬の期間限定で利用可能です。

『青春18きっぷ』は、学校の長期休暇に合わせるかのように、春・夏・冬の年3回発売され、それぞれの季節ごとに利用期間が限定され、その期間だけ利用することができる。つまり、例えば春季用なら、春季用の発売期間と利用期間が設定され、その期間内に購入して、その期間内に使い切らないと無効になってしまうという仕組み。「残った分は次の季節に繰り越し」という使い方はできないのだ。

『青春18きっぷ』の発売・利用のスケジュールは、毎年2月中旬にJRグループから発表される。発売期間や有効期間は毎年同じ日付だが（左表参照）、グリーン車自由席が〝解禁〟されたように、ルールなどが変更になる場合がある。時刻表や各種報道、JR各社のサイトや駅の掲示などをチェックしておこう。

●『青春18きっぷ』発売／利用期間

季節	発売期間	利用期間
春季	2/20～3/31	3/1～4/10
夏季	7/1～8/31	7/20～9/10
冬季	12/1～1/10	12/10～1/20

Q 05

どこで売っていますか？

★「みどりの窓口」や主要旅行代理店で購入できます。

『青春18きっぷ』は、各季の発売期間中に駅の「みどりの窓口」や主な旅行代理店で販売される。期間中は申し込みがあるだけ発券するので、売り切れとなることはない。最近はコンピューター発券が主流となっているので、在庫切れもない。窓口の営業時間内に適当なタイミングで買いに行けばいいが、窓口の混雑で予定の列車に乗れなかった…ということがないよう、前日までに購入しておくことをおすすめする。

払い戻しは有効期間内だけの取り扱いで、未使用の場合のみ有効。手数料２１０円が差し引かれる。１回でも使用したものは払い戻しの対象とならないので注意が必要だ。災害などで不通区間が生じても、原則として払い戻しは行われない。

Q
06

どんな列車に乗れるのですか？

**★すべての普通・快速列車で利用可能です。
特急・急行は残念ながら不可。**

券面にしっかりと「普通列車乗車券」と表示してあるように、『青春18きっぷ』で乗車できるのは、普通列車のみ、ということになる。一般的に私たちが通勤などに使っているような、駅の券売機できっぷを買って乗る、特別料金を払わずに乗車券分しか運賃を払っていない列車、と思ってもらって構わないだろう。

ただし、普通列車とは各駅停車ばかりではない。普通乗車券だけで乗れる列車すべてを指しているので、各路線に設定されている「快速」の他、「新快速」「特別快速」「通勤快速」「区間快速」などと名づけられている列車も含まれている。これらはすべて特別料金（特急料金など）を必要としない普通列車であるため、当然『青春18きっぷ』で乗車できるということになる。

つまり、普通乗車券の他に、特急／急行料金などが必要になる、特急・急行（新幹線も含む）には乗車できない。「乗車できない」というのは、単に「乗れない」というだけでなく、『青春18きっぷ』にプラスして、特急券を購入し、『青春18きっぷ』＋「特急券」というような使い方もできないということだ。『青春18きっぷ』を使っている日に特急／急行に乗ろうとする場合は、普段通り「乗車券」＋「特急券」のきっぷを新たに購入しなくてはならないのだ。

　この『青春18きっぷ』で乗れる列車を時刻表で簡単に見分ける方法がある。一般に使われる全国版の時刻表はＪＴＢ版とＪＲ版のどちらかだろう。この中に記載されている列車の時刻で、ＪＴＢ版は太字、ＪＲ版は赤字のものが優等列車（特急、急行）。これらは『青春18きっぷ』では利用できない。逆に、それ以外の細字で時刻が表記されている列車が普通列車で、『青春18きっぷ』が使えるということになる。

　他にも、ＪＲの車両が私鉄や第三セクターの路線にそのまま乗り入れている場合も、乗り入れた路線はＪＲではないので、『青春18きっぷ』は利用できず、乗った区間に応じた運賃を別途支払うことになる。

●『青春18きっぷ』で乗車できる列車

普通列車・快速			ライナー
グリーン車	指定席	自由席	
△※1	△	○	△

○＝利用可能　△＝運賃のみ有効
※1 自由席は「△」、指定席は利用不可

旅ワザ裏ワザ

〝快適〟な普通列車を選ぶ

長い時間、列車に揺られる『青春18きっぷ』の旅だからこそ、少しでも快適な乗り心地の列車を選びたいもの。全国には特急車両を利用した快速・普通列車や、座席が快適な車両が走っていたりする。ここでその代表的なものを紹介しよう。

●ライナー

各都市圏の通勤時間帯を中心に運転される停車駅の少ない「○○○ライナー」と呼ばれるものも普通列車。座席定員制で乗車整理券またはライナー券（１００〜５００円）が必要となるが、これを購入すれば『青春18きっぷ』と組み合わせて乗車できる。特急用車両を使用するものも多く、一般の列車の混雑を横目に快適な移動ができる。中でも中央本線の名古屋〜中津川を走る「セントラルライナー」は私鉄特急並みの設備の専用車両を使い、昼間はほぼ１時間間隔で運転されている。

●新快速【米原〜京都〜大阪〜神戸〜姫路】

この列車は最高速度１３０㎞／ｈと、特急顔負けのスピードを誇る（一部区間では特急よりも速い！）。しかも、これが早朝から夜間まで15分間隔で運転されているので、かなり効率のいい移動ができる。

旅ワザ
裏ワザ

普通列車以外で乗車できるもの

●広島・宮島航路／宮島〜宮島口

かつては複数あった国鉄（JR）航路が次々に廃止され、現在まで残っている唯一の航路。

●青森〜北海道・津軽海峡線／蟹田〜木古内間

JRの在来線で普通列車の走っていないこの区間は、特例として普通乗車券だけで特急の自由席に乗車できる。ただし、これはこの特定区間だけに限られているため、各区間を越えて特急に乗車した場合は、全乗車区間の特急券と乗車券が必要になる。

●北海道・石勝線／新夕張〜新得間

JRの在来線には普通列車が走っていない区間があり、これらの区間は特例として『青春18きっぷ』でも特急列車の自由席に乗車することができる。ただし、これらの区間を越えて乗車した場合（列車が通過して区間を越えてしまう場合も含む）は、その特急列車に乗車した全区間に対しての乗車券と特急券が必要となってしまうので注意が必要だ。例えば特急「スーパー白鳥」で蟹田から木古内に向かう場合に〝接続が悪いから函館まで乗ろう〟ということになると、木古内〜函館間の乗車券と特急券だけでなく、その列車に乗車した蟹田〜函館間に対しての乗車券と特急券を別途支払うことになるということだ。あくまでも「特例」であることを忘れずに。

Q 07

グリーン車には乗れますか?

★グリーン料金を払えば自由席は乗車可能です。

普通列車のグリーン車自由席はグリーン料金を払えば、『青春18きっぷ』で乗車可能だ。

ただし、グリーン車自由席を連結している普通列車が頻繁に運転されているのは、首都圏の東海道本線(伊東線を含む)、横須賀線、総武本線(外房線、内房線、成田線を含む)、東北本線、高崎線(上越線、両毛線を含む)、常磐線だけ。この他には、特急用車両で運転されている津軽線、信越本線~篠ノ井線(快速)、日豊本線~宮崎空港線(さわやかライナー、ホームライナー)などごく少数。それでも首都圏中心ではあるが、長旅で疲れた時や、早期出発で睡眠をとりたい時などは重宝する。うれしいところだ。

なお、夜行快速「ムーンライトえちご」(新宿~新潟)や臨時夜行快速列車の一部にあるグリーン車指定席(グリーン車扱いのお座敷車両も含む)は対象とはならない。『青春18きっぷ』が有効なのは自由席のみだ。

Q
08

普通車指定席には乗れますか？

★指定席券を購入すれば乗車可能です。

指定席料金510円（閑散期は310円。北海道と九州は通年300円。九州内の一部列車は時期によって500円または300円。北海道内SL列車は一部を除き800円）を払って指定席券を購入すれば、『青春18きっぷ』で乗車できる。割安に旅を快適にする手段として活用したい。

特に夜行快速は寝ている間に距離を稼ぐので、時間を有効に使えると人気が高い。

また、下表にはない「リゾートしらかみ」や「清流しまんと」などの臨時列車やトロッコ列車にも、もちろん乗車できる。

普通車指定席を連結している普通列車

●夜行快速（全席指定）

・「ムーンライトながら」（東京〜大垣）
・「ムーンライトえちご」（新宿〜新潟）

●昼行列車（※以外は快速）

・「エアポート」（札幌〜新千歳空港）
・「はまゆり」（花巻〜釜石）
・「南三陸」（仙台〜気仙沼）
・「妙高」（長野〜直江津※1号のみ快速、他は普通）
・「みえ」（名古屋〜鳥羽）
・「マリンライナー」（岡山〜高松）
・「いさぶろう／しんぺい」（人吉〜吉松※普通）
・「なのはなDX」（鹿児島中央〜指宿※特別快速）

Q 09

「当日限り有効」ってどういう意味ですか？

★「当日」とは使用開始日から翌日0時を過ぎて最初の停車駅まで。

『青春18きっぷ』の使用は、改札口（または車内改札）できっぷに利用開始の日付入りスタンプを押してもらうことから始まる。スタンプが押されたら、その日の24時を過ぎた最初の停車駅まで有効となる。この時、1人で利用しているならスタンプは1つだが、複数で1枚のきっぷを利用している場合は、人数分の同じ日付のスタンプが1枚のきっぷに押される。

深夜の列車で翌日にまたがって運転されるものもあるが、その場合は日が変わってすぐに次の日のスタンプが必要というわけではなく、最初の停車駅までは前日分が有効なので、その先の駅に行ったら翌日分のスタンプが必要となる。また、東京・大阪の電車特定区間（24ページ参照）に限っては、その日の終電まで有効だ。終電が終着駅に到着するのは深夜の1時過ぎというのも珍しくないが、前日のスタンプだけでOK。

なお、使用開始は日付入りのスタンプを押すことになるため、自動改札機は使えず有人改札口を使用しなくてはならない。無人駅から使用開始した場合は、乗車した列車の乗務員に申し出て日付入りスタンプを押してもらおう。また、使用中の確認もこのスタンプで行うため、下車する時も自動改札機ではなく、有人改札口を通ることになる。

得ワザ

●「ムーンライトながら」で『青春18きっぷ』をムダ使いしない方法

東京から大垣に向かう下り夜行快速「ムーンライトながら」の場合、日が変わって最初の停車駅の横浜には０時10分着。東京発が23時43分なので、東京駅から『青春18きっぷ』を利用した場合、たった17分の使用で１日分が終わってしまう。東京↓横浜を普通乗車券（４５０円）で乗れば、１日分を温存できる。もちろん座席指定券は１枚でいい。

得ワザ

●「ムーンライトえちご」での得ワザ

下り「ムーンライトえちご」で「ながら」と同じ方法を使うと、日付が変わって最初の停車駅・高崎までで乗車券が１８９０円もかかる。新宿から「えちご」に乗らず、高崎で「えちご」に接続する、上野23時06分発の高崎線新前橋行きに乗れば、０時３分に吹上着。ここまでの普通乗車券（９５０円）を買っておき、次駅から『青春18きっぷ』を使用すれば、支払う額が少なくて済む。

●東京の電車特定区間

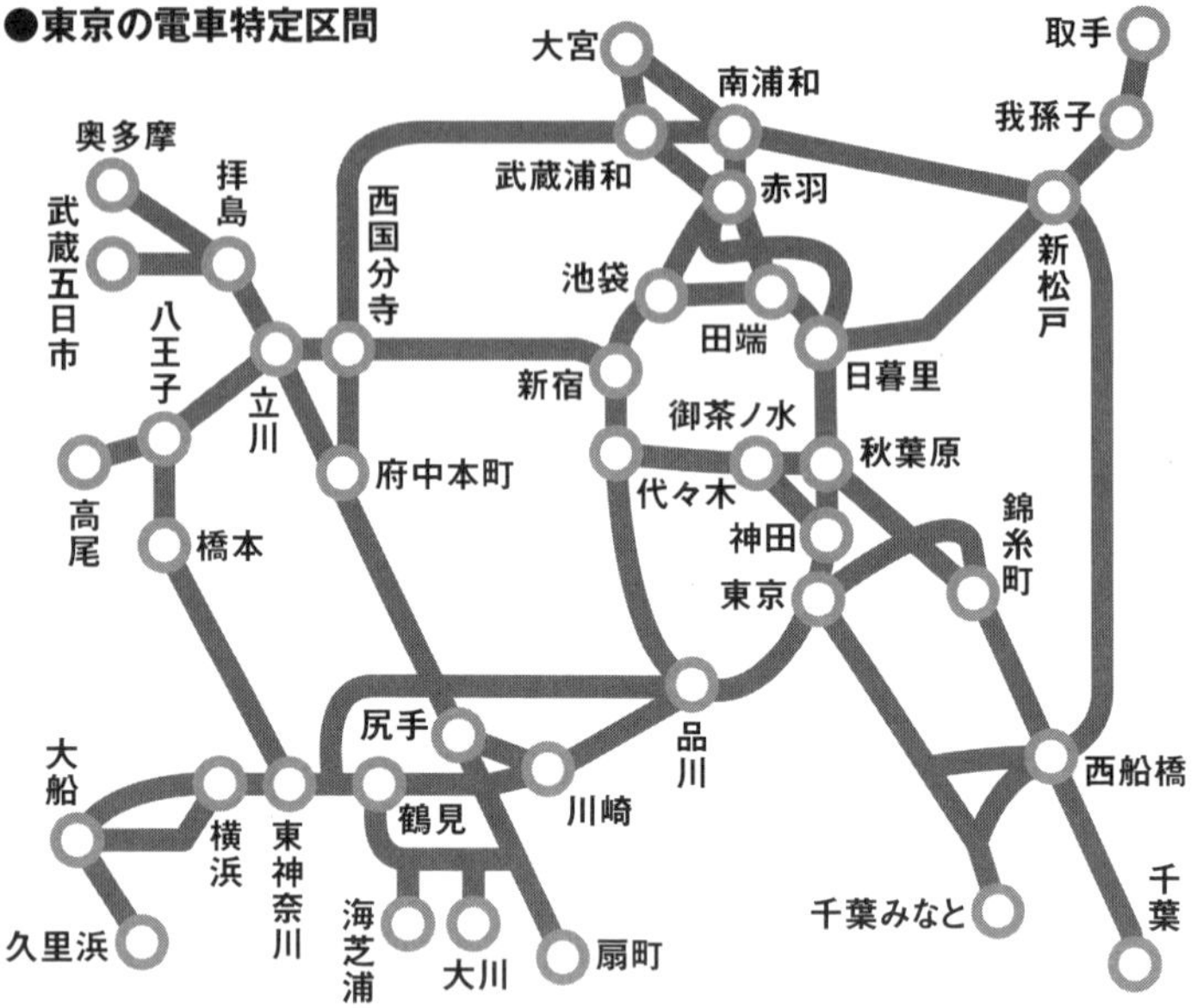

●大阪の電車特定区間

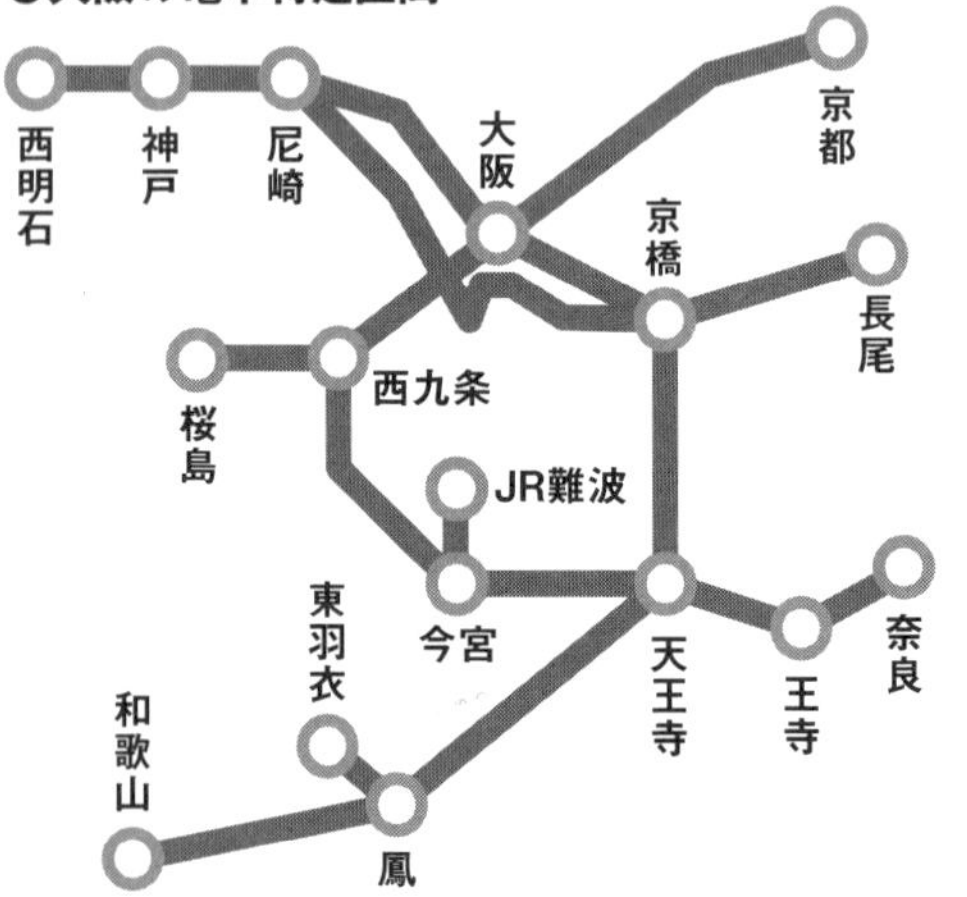

Q 10

どれくらい乗ればお得？

★１４１㎞以上の旅程で1日２３００円以上になります。

『青春18きっぷ』は1枚5回（人）分で1万１５００円。つまり、1日分は２３００円となる。これから『青春18きっぷ』を使って得をする距離を考えると、同じ日に71㎞以上の区間の往復か、片道１４１㎞以上の旅程（本州の幹線の場合）を利用すればお得になる。

距離でいわれてもピンとこない場合、主要都市発でどこまで行けばお得になるかは、２１６ページからの地図をご覧いただきたい。お得なきっぷだからこそ、ここらへんはしっかり確認して、上手に旅の計画に活かしたいところだ。

また、特に注意したいのはこどもが使う場合。『青春18きっぷ』にこども料金の設定はないので、こどもも1日２３００円。普通運賃はこどもは大人の半額となるので、１４１㎞以上の区間の往復か、片道２６１㎞以上の旅程にならないと、こどもが『青春18きっぷ』を使っても元が取れない。こどもといっしょの旅の場合は、『青春18きっぷ』と、普通乗車券の料金の差をあらかじめ確認しておきたい。

Q
11

余った分はどうするの？

★1回分でも使ったものは払い戻しはできません。

『青春18きっぷ』は、各季の利用期間内しか使えないきっぷだ。例えば、春の『青春18きっぷ』が余ってしまったからといって、夏の『青春18きっぷ』利用期間に使用することはできず、利用期間を過ぎてしまえば、ただの〝記念の品〟にしかならない。かといって、1回分でも使ってしまえば、払い戻しはできない。

　せっかくのお得なきっぷをムダにしないためにも、できれば購入前に3回分くらいはどのように使うかの予定を決めておくか、確実に損をしない旅程を考えておく方がいいだろう。利用期間内に使い切れなくなりそうだったら、ちょっとした外出にも使うようにしたり、友人に譲渡するなどを考えるしかないだろう。

Q 12

列車が旅行の途中で運休になってしまったら？

★基本的には一切救済処置はありません。

『青春18きっぷ』を購入した時、一緒についてくる〝ご案内〟には「列車の運行不能・遅延等による払い戻し及び有効期間の延長はいたしません」と記されている。

例えば旅行の途中で台風が来てしまい、乗っていた列車が途中駅で運休になってしまった…。おかげでその日の移動が予定の半分程しかできなかったとしても、きっぷの払い戻しはもちろん、その日の宿の確保、新幹線等への振替輸送などは、基本的に一切対応してもらえないということ。「安い」というメリットの裏側には、こういったデメリットもあるということも知っておいたほうがいいだろう。なので万一の時に備えて、財布の中身は若干余裕をもたせておいた方が安心。

しかし、『青春18きっぷ』を利用していたにもかかわらず、ＪＲ側の判断で様々な救済処置をしていただいたという事例も耳にする。もしもそういうことにあった時は（あわない方がいいのだが）感謝の気持ちを忘れずに。

青春18きっぷ おとなの使い方10カ条

その1 旅先で、旬の味を楽しもう

どこまで乗っても1回分2300円。交通費が浮いた分、土地の美味しいものを食べよう。

その2 気分にまかせて移動しよう

乗り降り自由なきっぷ。乗らなきゃ損という意識は忘れて、行きたいところへ旅に出よう。

その3 余ったきっぷで日帰りの旅へ

余ったきっぷがあれば、週末、職場、とは反対行きの電車で日帰りの旅を楽しもう。

その4 普通電車にプラスαの旅を

飛行機にフェリー、新幹線に特急電車、普通列車にとらわれず、旅の楽しみ方を考えよう。

その5 時刻表と仲良くなろう

時刻表を読めば読むほど、旅のアイデアがわいてくる。

その6 余裕あるプランを

思い立ったら途中下車ができるくらい、時間に追われず、足の向くまま旅をしよう。

その7 旅人よ、疲れたというなかれ

乗り継ぎ乗り継ぎの長時間ローカル線の旅。お尻は痛いが、疲れたと口にせず車窓の景色を楽しもう。

その8 フットワークは軽く

短時間での乗り換え、駅から旅散歩と、歩きやすく身軽に、動きやすい身支度を。

その9 早起きは三文のトク

早い出発は、きっぷの可能性を広げる。さらに始発列車から見る朝焼けは、とても美しい。

その10 旅の思い出を友に語ろう

旅での出来事を、家族や友人に語ろう。新たな旅のプランが生まれる。

PART 2

出発地別「青春18きっぷ」おすすめコース63

札幌・仙台発

富良野

亜寒帯気候に属する北海道地域では、本州以南では目にすることのできない、厳しい自然と共に生きる雄大な景色を見ることができる。北海道の中央部を走る富良野線沿いの美しいラベンダー畑、日本最北端の町・稚内へと延びる宗谷本線からのサロベツの原野の眺めなど、車窓には北海道を代表する景色がゆっくりと流れていく。札幌を中心にすれば、石北線を使って北の果て網走での流氷見学、函館本線で南の果て函館の歴史散歩などでも、『青春18きっぷ』は存分に役に立ってくれる。

東北は食と温泉の宝庫。本場の鍋料理、郷土料理に舌鼓を打ったら、豊かな温泉をのんびりと楽しみたい。陸羽東線などには〝温泉〟の名を冠した駅名も数多くある。かつての奥州藤原氏の本拠・平泉や、松尾芭蕉の句で有名な日本三景の松島、白虎隊で有名な会津若松へも鉄路は延びている。歴史ロマンを感じる旅にも、『青春18きっぷ』は一役買ってくれそうだ。仙台を中心に東北周遊、または水郡線を使って水戸へ、米坂線を使って日本海へと足を延ばすのも楽しそう。路線別人気で常に上位にある、日本海沿いを走る五能線や、福島と新潟の山深い県境を行く只見線にも乗ってみたい。

01

札幌

ラベンダーと瀑布の北海道

富良野、層雲峡

夏　初級

札幌を早朝出て、旭川から「富良野・美瑛ノロッコ号」に乗車。この列車は夏季期間（6月～9月）限定の名物列車。ラベンダーで知られる富良野や美瑛を通る富良野線の夏の景色を楽しめる。美瑛～美馬牛間は速度を落として走ってくれるからうれしい。ラベンダーを楽しんだ後は、富良野線普通列車で富良野へ。ドラマ「北の国から」の舞台を観光する。富良野から旭川に向かい宿泊。翌日は石北本線、道北バスを乗り継ぎ、渓谷美が楽しめる層雲峡へ。温泉街を通り、断崖を流れるふたつの滝、銀河の滝、流星の滝へは徒歩30分。

1日目			
札幌	発	602	函館本線
旭川	着	911	
	発	1003	富良野・美瑛ノロッコ1号
ラベンダー畑	着	1116	観光（ファーム富田など）※帰りは中富良野から乗車
中富良野	発	1441	富良野線
富良野	着	1451	観光
	発	1800	富良野線
旭川	着	1909	
2日目			
旭川	発	912	石北本線
上川	着	1024	
	発	1035	道北バス
層雲峡	着	1105	観光（銀河の滝、流星の滝、温泉街散策など）
	発	1420	道北バス
上川	着	1450	
	発	1559	石北本線
旭川	着	1706	
	発	1738	函館本線
岩見沢	着	1917	
	発	1936	函館本線
札幌	着	2017	

旅のポイント

①ノロッコ号で夏の富良野・美瑛の景観を存分に
※「富良野・美瑛ノロッコ号」は6月7日～8月31日毎日、9月6日～28日の土曜・休日に運転
②1日目は富良野をゆっくりと観光。
③層雲峡でダイナミックな自然に触れる。

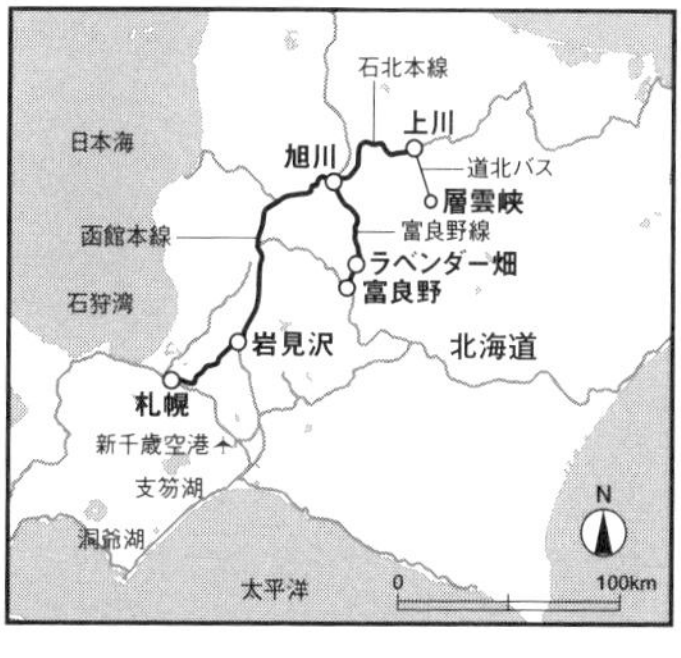

【マークの意味】夏：おすすめの季節　初級：旅のプランのレベル
：「青春18きっぷ」を何回（人）分使用するか

02 札幌

日本海と太平洋の岬の旅

神威岬、函館

夏

中級

札幌から函館本線でニッカウヰスキーの工場で知られる余市へ。余市から北海道中央バスに乗り、シャコタンブルーと呼ばれる美しい海が広がる積丹半島の突端へ向かい、神威岬バス停で下車。岬の先端へは徒歩約25分。積丹半島ならではの断崖絶壁と日本海の景色を堪能したい。余市に戻り、一路函館本線を南へ。倶知安で1時間半を過ごし、長万部に宿泊する。

2日目は、長万部から一気に函館へ。夜景もよく知られている函館山などを観光し、太平洋側の海の様子を楽しみたい。函館を発ったら、室蘭本線、千歳線で札幌へと戻る。

1日目

札幌	発	715	函館本線
小樽	着	803	
	発	807	函館本線
余市	着	831	
余市十字街	発	936	北海道中央バス
神威岬	着	1120	散策
	発	1212	北海道中央バス
余市十字街	着	1348	
余市	発	1413	函館本線
倶知安	着	1457	
	発	1637	函館本線
長万部	着	1837	

2日目

長万部	発	806	函館本線快速アイリス
函館	着	1006	観光（函館山など）
	発	1427	函館本線
長万部	着	1743	
	発	1750	室蘭本線
東室蘭	着	1921	
	発	1938	室蘭本線
苫小牧	着	2040	
	発	2050	千歳線
札幌	着	2201	

旅のポイント

①バスで日本海側の神威岬へ向かう。
②太平洋側の函館の街歩きを楽しむ。
③倶知安、長万部の滞在時間も楽しみたい。

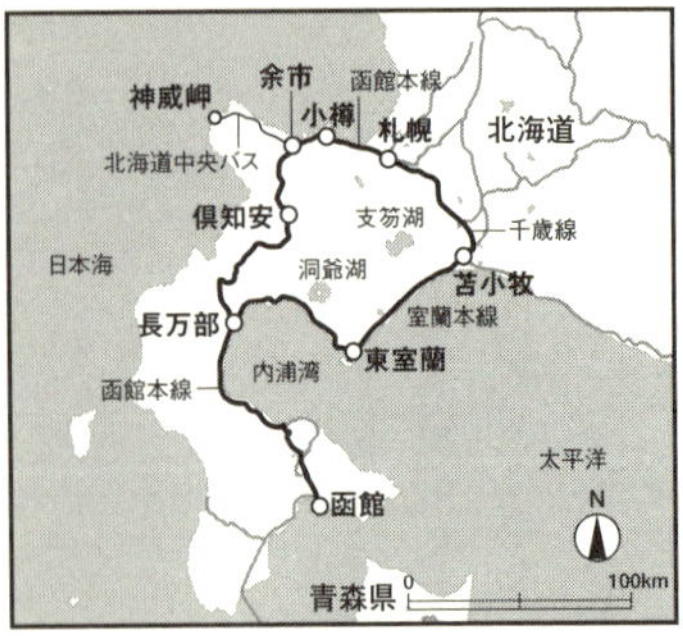

03 札幌 ▼ 稚内、宗谷岬

本物の寒さを体感、真冬の最果て紀行

冬　中級

目指すは真冬の最北の地・宗谷岬である。札幌出発は早い。旭川ラーメンを食べて体を温め、宗谷本線へ。名寄では北国博物館に寄り、厳冬に暮らす人々の知恵を勉強しよう。近くには北の鉄道を守ってきた排雪列車「SLキマロキ号」の雄姿もある。音威子府では道の駅に寄って、名物のそばを味わう。稚内には夜着。翌朝は早起きして、稚内港の北防波堤ドームを見てから宗谷岬へ。最北の岬の寒さを存分に体験してみよう。帰りは幌延からバス。冬の日本海の厳しさと強烈な北風を目に焼き付けよう。留萌からは留萌本線で深川へ。深川から札幌へ帰る。

1日目

札幌	発	602	函館本線
旭川	着	911	乗り換え※旭川ラーメン
	発	1115	宗谷本線快速なよろ1号
名寄	着	1235	乗り換え※北国博物館
	発	1414	宗谷本線
音威子府	着	1510	乗り換え※道の駅
	発	1631	宗谷本線
稚内	着	1849	宿泊

2日目

稚内駅前	発	810	宗谷バス（1350円）
宗谷岬	着	856	最北端の地の碑
	発	933	宗谷バス
稚内駅前	着	1025	乗り換え※駅弁
稚内	発	1058	宗谷本線
幌延	着	1157	乗り換え
幌延駅	発	1159	沿岸バス（2600円）
留萌駅前	着	1514	乗り換え
留萌	発	1614	留萌本線
深川	着	1713	乗り換え
	発	1804	函館本線
岩見沢	着	1917	乗り換え
	発	1936	函館本線
札幌	着	2017	

旅のポイント

①北緯45度31分22秒、宗谷岬の冬を体感。
②行きは宗谷本線で北海道内陸の寒さを。
③帰りはバスを使って冬の日本海の厳しさを。

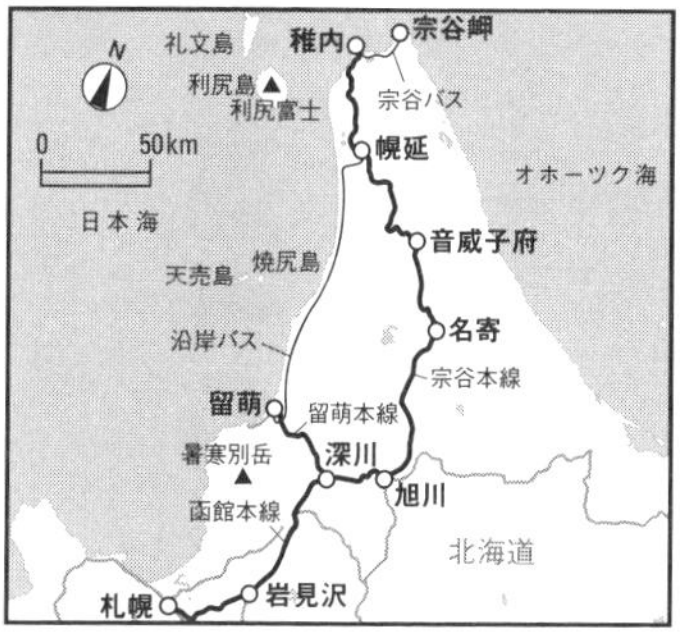

04 札幌

流氷、タンチョウ、春はまだかな道東の旅

旭川、網走、釧路

春

中級

北国だからこそ待ち遠しい春。道東の大地に春の気配を探しに行く旅である。

1日目は、いまや全国各地から観光客を集める人気スポットとなった旭川市の旭山動物園へ。ペンギンやホッキョクグマ、アザラシなど、冬が大好きな動物の元気な姿を楽しんだら、石北本線を一路、網走へと向かう。

途中の北見まで乗車する特別快速「きたみ」は『青春18きっぷ』のみで利用可能だが、特急並みのスピードを誇る〝お値打ち〟列車だ。

2日目のメインは、流氷を砕いて進む観光砕氷船「おーろら」に乗船。この流氷が消えるとようやくオホーツク沿岸に春が訪れる。流氷見学の後は網走市内の観光。

網走湖では、毎年開催されているイベント「北の新大陸発見！　あったか網走」が要チェックだ。スノーモービルや雪上バナナ、雪上車など、めったに乗れない乗り物でアクティブに楽しみたい。平成21年は1月31日（土）から3月8日（日）まで開催される予定だ。

また、博物館網走監獄やオホーツク流氷館などの名所めぐりを楽しむのもいい。網走監獄では、有形登録文化財「五翼放射状平屋舎房」などの施設見学や、現在の網走刑務所で供されているレシピに基づいた「監獄食」も味わえる。

1日目

札幌	発	602	函館本線
旭川	着	911	乗り換え
旧アサヒビル前	発	935	旭川電気軌道バス(400円)
旭山動物園	着	1005	※動物園見学（800円*1030開園）
旭山動物園	発	1415	旭川電気軌道バス
宮下9丁目	着	1445	乗り換え
旭川	発	1505	石北本線特別快速きたみ
北見	着	1824	乗り換え
北見	発	1830	石北本線
網走	着	1933	宿泊

2日目

網走港	発	930	※流氷砕氷船おーろら（航行約1時間、3000円）帰港後、冬の体験レジャー or 市内観光
網走	発	1615	釧網本線
釧路	着	2006	宿泊

3日目

釧路駅	発	855	阿寒バス（1220円）
鶴居市街	着	958	※鶴居・伊藤タンチョウサンクチュアリ見学
鶴居市街	発	1201	阿寒バス
釧路駅	着	1300	乗り換え
釧路	発	1336	根室本線
帯広	着	1704	乗り換え※豚丼
帯広	発	1827	根室本線快速狩勝
富良野	着	2034	乗り換え
富良野	発	2038	根室本線
滝川	着	2134	乗り換え
滝川	発	2140	函館本線
岩見沢	着	2222	乗り換え
岩見沢	発	2232	函館本線
札幌	着	2314	

※流氷砕氷船おーろらの時刻・運賃は要確認。

　釧路に移動しての3日目は、鶴居村でタンチョウヅルを見学。雪の残る湿原に舞うタンチョウの優雅な姿を目に焼きつけて帰路に着く。

　富良野以降はいずれも乗り継ぎ時間が短いので、釧路で昼食を摂り、帯広では名物の豚丼を買うなどして、長い夜の車中用の「備え」を十分仕入れておこう。

旅のポイント

①人気スポット・旭山動物園へ。
②網走で流氷観光砕氷船おーろらに乗船。
③釧路湿原でタンチョウヅルを観察。

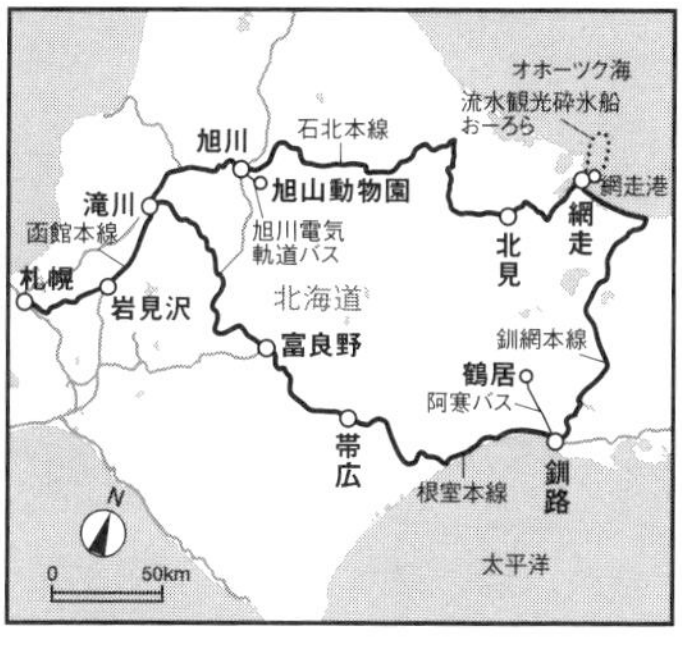

05 仙台

東北4県、一泊二日周遊の旅

平泉、山寺、作並

夏　初級

仙台を出たらまずは一ノ関から奥州藤原氏の栄華を今に残す平泉へ。中尊寺を巡り、盛岡へ向かい、田沢湖線、奥羽本線で一気に宿泊地・新庄へ。田沢湖線は本数がそれほど多くないため、今回は田沢湖に立ち寄るのをあきらめたが、余裕があるならぜひとも訪れたいところだ。田沢湖に立ち寄る場合は、田沢湖駅で下車。駅から田沢湖一周線が便利だ。新庄に宿泊したら、山形の人気観光地、山寺へ。松尾芭蕉の有名な句「閑さや　岩にしみ入る　蝉の声」が詠まれた地だ。さらに仙山線に戻り、作並で下車。作並温泉に浸かり、疲れを癒し、帰路へ。

1日目

仙台	発	801	東北本線
一ノ関	着	934	
	発	955	岩手県交通バス
中尊寺	着	1017	観光（中尊寺など）
平泉	発	1232	東北本線
盛岡	着	1357	
	発	1410	田沢湖線
大曲	着	1655	
	発	1730	奥羽本線
新庄	着	1931	

2日目

新庄	発	856	奥羽本線
山形	着	1018	
	発	1036	仙山線
山寺	着	1055	観光（五大堂など）
	発	1458	仙山線
作並	着	1524	
	発	1530	仙台市営バス
作並温泉	着	1535	観光（作並温泉入浴）
	発	1700	仙台市営バス
作並	着	1705	
	発	1722	仙山線
仙台	着	1801	

旅のポイント

①宮城→岩手→秋田→山形と東北の4県を周遊。
②中尊寺、山寺と歴史ある史跡を巡る。
③帰途では作並温泉でひと息。

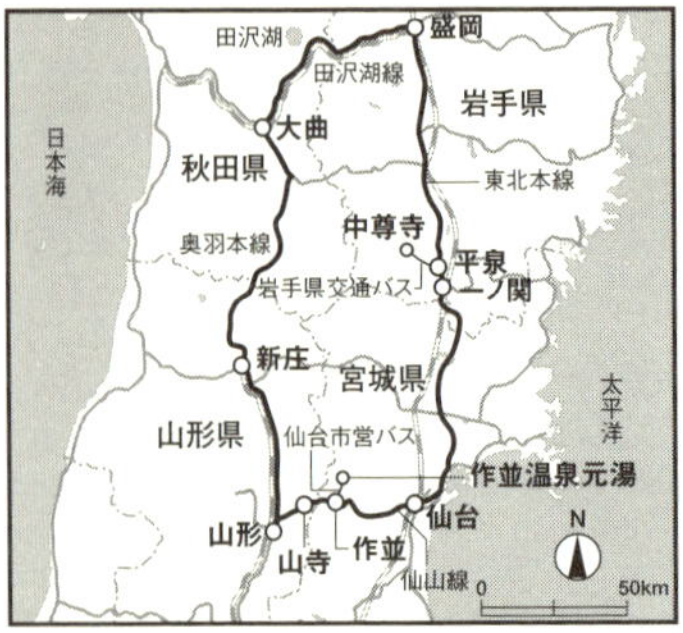

06 仙台

山形、秋田、盛岡

冬 初級

みちのく三都めぐり、あったか郷土鍋の旅

東北は旨い鍋の宝庫である。郷土鍋に舌鼓を打ちながら三都をめぐる旅プラン。まずは山形の芋煮から。秋の芋煮会シーズンは終わっても、料理店のノレンをくぐれば、芋煮の匂いが食欲をそそる。温まった体で山形散策を楽しんだ後は、一気に秋田まで移動。秋田観光に、ハタハタのしょっつる鍋を加えて1日目を終える。2日目は大館へ。比内地鶏の地元で、本場のきりたんぽ鍋が待っている。早めの昼食を済ませたら盛岡へ。盛岡の隠れた名物が南部はっと鍋。南部鉄鍋にはっと（うどん）と三陸直送の海の幸。あったか郷土鍋を堪能していただきたい。

1日目

仙台	発	707	仙山線
山形	着	832	山形観光※芋煮
	発	1129	奥羽本線
新庄	着	1233	乗り換え
	発	1253	奥羽本線
秋田	着	1523	秋田観光・宿泊 ※しょっつる鍋

2日目

秋田	発	750	奥羽本線
大館	着	949	※きりたんぽ鍋
	発	1106	花輪線快速八幡平・IGRいわて銀河鉄道(630円)
盛岡	着	1329	盛岡観光※南部はっと鍋
	発	1700	東北本線
一ノ関	着	1841	乗り換え
	発	1900	東北本線
仙台	着	2044	

旅のポイント

①観光と郷土鍋の旅。まずは山形で芋煮。
②秋田ではしょっつる鍋に、きりたんぽ鍋。
③盛岡では隠れ名物の南部はっと鍋を。

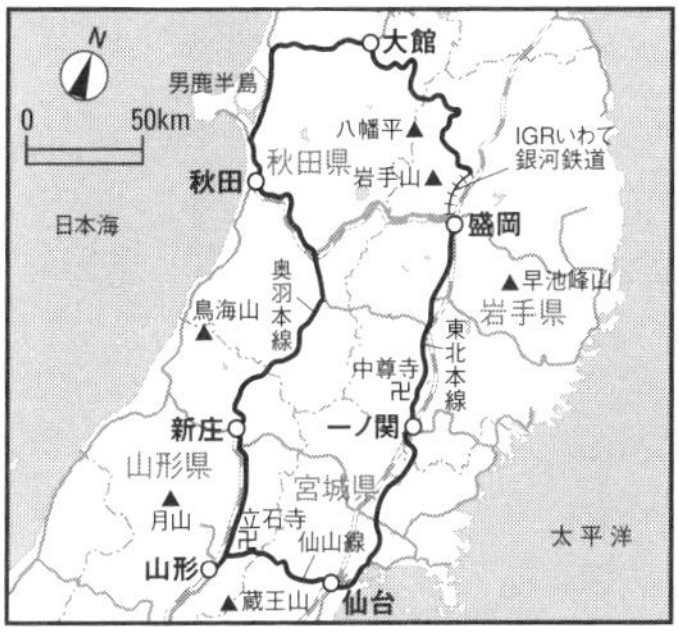

07 仙台

梅の水戸から名瀑へ、水郡線春景色の旅

水戸、袋田の滝

春

初級

1日目は常磐線で一気に水戸へ。3月いっぱい開催の梅まつりの会場となる偕楽園では、100種3000本の梅が春の訪れを伝えている。半日かけてじっくりと「水戸の梅」を楽しもう。翌日は水郡線の旅。水戸で列車に乗り込む前に、駅弁を購入しておくことをオススメする。久慈川の流れに沿うように走る列車の窓には、のどかな早春の風景が広がる。途中下車は袋田駅。高さ120m、幅73mという袋田の滝へと足を延ばす。ここで購入してきた駅弁でのランチタイム。久慈川から阿武隈川へと変わる車窓の眺めを楽しみつつ郡山へ。

1日目

仙台	発	812	東北本線・常磐線
原ノ町	着	938	乗り換え
原ノ町	発	943	常磐線
いわき	着	1106	乗り換え
いわき	発	1110	常磐線
水戸	着	1242	※梅まつり見物・宿泊

2日目

水戸	発	923	水郡線※駅弁
袋田	着	1031	乗り換え
袋田駅前	発	1035	茨交県北バス(200円)
滝本	着	1045	※袋田の滝(滝トンネル300円) ※帰りは袋田駅まで散策　約40分
袋田	発	1425	水郡線
郡山	着	1626	乗り換え
郡山	発	1643	東北本線
福島	着	1730	乗り換え
福島	発	1735	東北本線
仙台	着	1857	

旅のポイント

①水戸の梅まつりをゆっくり楽しむ。
②早春の景色を楽しみながら水郡線走破。
③日本三大瀑布・袋田の滝を見物。

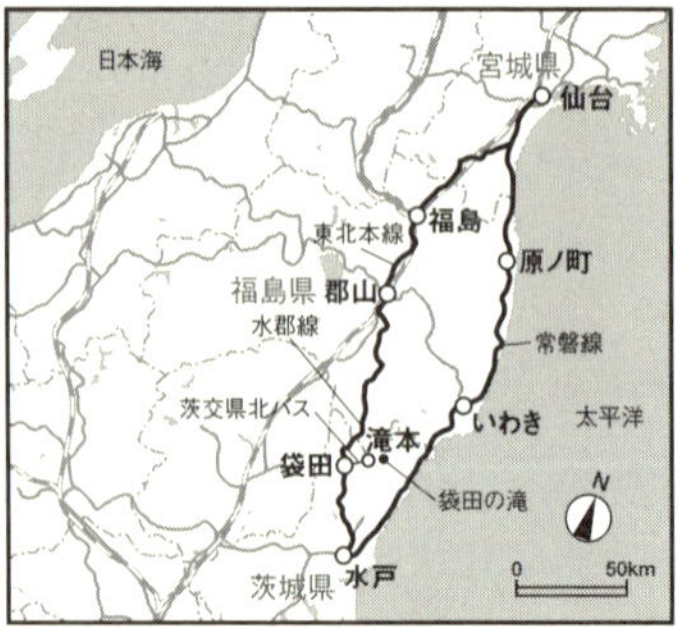

08 仙台

あつみ温泉人形めぐり米坂線、陸羽西線の旅

あつみ温泉、新庄

春

中級

1日目は城下町・米沢の散策。米沢城址を中心に上杉15万石の歴史散歩の後は、米沢牛で早めの昼食を。米坂線で荒川峡の眺めを楽しみつつ日本海に到着したら、一路あつみ温泉へ。3月〜4月初めには「湯のまち人形めぐり」を開催。温泉街に展示される雛人形を眺めながらの温泉街散歩が楽しい。2日目は余目から陸羽西線へ。雪景色から春色へと変わりつつある最上峡を眺めながら新庄へ。城下町として、最上川舟運の要所として栄えた新庄では駅併設のレンタサイクルが便利。さらに山形観光まで楽しんで帰路に。

1日目

仙台	発	604	東北本線
福島	着	727	乗り換え
福島	発	808	奥羽本線
米沢	着	858	※米沢観光・米沢牛
米沢	発	1216	米坂線
坂町	着	1431	乗り換え
坂町	発	1435	羽越本線
村上	着	1448	乗り継ぎ※イヨボヤ会館
村上	発	1603	羽越本線
あつみ温泉	着	1710	乗り換え
あつみ温泉	発	1728	庄内交通バス(220円)
温海温泉センター	着	1734	※湯のまち人形めぐり・宿泊

2日目

温海温泉センター	発	732	庄内交通バス
あつみ温泉	着	738	乗り換え
あつみ温泉	発	825	羽越本線
余目	着	913	乗り換え
余目	発	920	陸羽西線
新庄	着	1006	※新庄観光・昼食(レンタサイクル300円)
新庄	発	1419	奥羽本線
山形	着	1526	※山形観光
山形	発	1738	仙山線
仙台	着	1900	

旅のポイント

①米沢牛の昼食に舌鼓。
②あつみ温泉の人形めぐりを楽しむ。
③レンタサイクルで新庄観光。(観光用サイクルコースの情報も入手しよう)

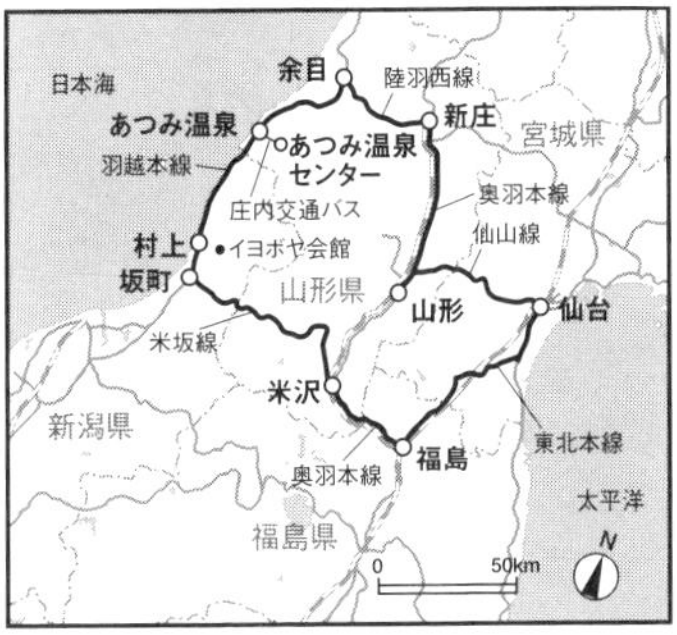

09 仙台

東北6県制覇、冬の湯めぐり紀行

飯坂、上山、男鹿、大鰐、湯川、鳴子

冬

上級

北風が吹けば募る、「温泉恋し」の思い。我々日本人は何故これほどまでに温泉が好きなのか。そして冬の旅には温かい温泉の湯に浸かるとホッとするもの。そこで、名湯・秘湯が数多くそろう、東北の名湯めぐりの旅。青春18きっぷ5回分をすべて使ってとことん温泉を楽しむ旅。しかも、仙台発と銘打ちながら、新幹線利用で東京発着も可能というプラン。

1日目、福島の名湯・飯坂温泉から温泉三昧の旅は幕を上げる。東京発の場合はここでプランに合流する。神代からの歴史を誇る飯坂温泉には、鯖湖湯をはじめ9つの共同浴場がある。じっくり朝湯を楽しんで、宿泊は山形の名湯・上山温泉。早めの到着で足湯めぐりも楽しい。2日目、上山温泉から一気に秋田へ。前日の山の湯から、この日の宿泊は海の湯・男鹿温泉。名産・ハタハタのしょっつる鍋か、熱した石を豪快に桶に放り込む磯焼にするか、大いに悩んでいただきたい。3日目、リゾートしらかみ（全席予約）の展望席から冬の日本海を眺めて青森へ。青森の湯は大鰐温泉。しんしんと降る雪に包まれて静かな夜を。

4日目、盛岡観光を楽しんだ後の岩手の湯は、山間の湯治場・西和賀町の湯川温泉。昔ながらの湯治場風情を味わいたい。5日目、トリを務めるのは、宮城の名湯・鳴子温泉。かつて、湯治に来た人々が孫や子にみやげとして買い求めたという鳴子こけしの工房などを、のぞきながら温泉街散歩でしめくくり。東北6県6湯の完全制覇である。

1日目

仙台	発	702	東北本線
福島	着	827	乗り換え
福島	発	845	福島交通飯坂線(360円)
飯坂温泉	着	909	共同浴場・温泉街散策※昼食
	発	1210	福島交通飯坂線(360円)
福島	着	1233	乗り換え
福島	発	1254	奥羽本線
米沢	着	1340	米沢観光
	発	1449	奥羽本線
かみのやま温泉	着	1523	足湯めぐり・宿泊

2日目

かみのやま温泉	発	748	奥羽本線
山形	着	800	乗り換え
	発	835	奥羽本線
新庄	着	947	乗り換え
	発	1014	陸羽西線・羽越本線
酒田	着	1118	乗り換え※昼食
	発	1239	羽越本線
秋田	着	1436	乗り換え
	発	1442	奥羽本線・男鹿線
男鹿	着	1539	乗り換え
男鹿駅前	発	1541	秋田中央交通バス(770円)
男鹿温泉	着	1629	宿泊(※入道崎見物も可)

3日目

男鹿温泉	発	820	秋田中央交通バス
男鹿駅前	着	908	乗り換え
男鹿	発	911	男鹿線・奥羽本線
秋田	着	1011	乗り換え※駅弁購入
	発	1105	奥羽本線・五能線リゾートしらかみ3号(要予約)
弘前	着	1550	弘前観光
	発	1713	奥羽本線
大鰐温泉	着	1724	宿泊

4日目

大鰐温泉	発	805	奥羽本線
大館	着	836	乗り換え
	発	840	花輪線・IGRいわて銀河鉄道(630円)
盛岡	着	1127	盛岡観光※昼食
	発	1507	東北本線
北上	着	1554	乗り換え
	発	1624	北上線
ほっとゆだ	着	1710	乗り換え
ほっとゆだ駅	発	1710	岩手県交通バス(=接続、340円)
湯川温泉	着	1725	宿泊

5日目

湯川温泉	発	745	岩手交通バス
ほっとゆだ駅	着	800	乗り換え
ほっとゆだ	発	821	北上線
横手	着	853	乗り換え
	発	927	奥羽本線
新庄	着	1050	乗り換え
	発	1124	陸羽東線
鳴子温泉	着	1228	温泉街散策※昼食
	発	1703	陸羽東線
小牛田	着	1820	乗り換え
	発	1826	東北本線
仙台	着	1912	

旅のポイント

①名湯・秘湯・湯治場に、山の湯・海の湯とバラエティーに富んだ温泉旅。
②東北6県6湯を一筆書きで、完全制覇。
③新幹線利用で東京発着プランとしても可能。

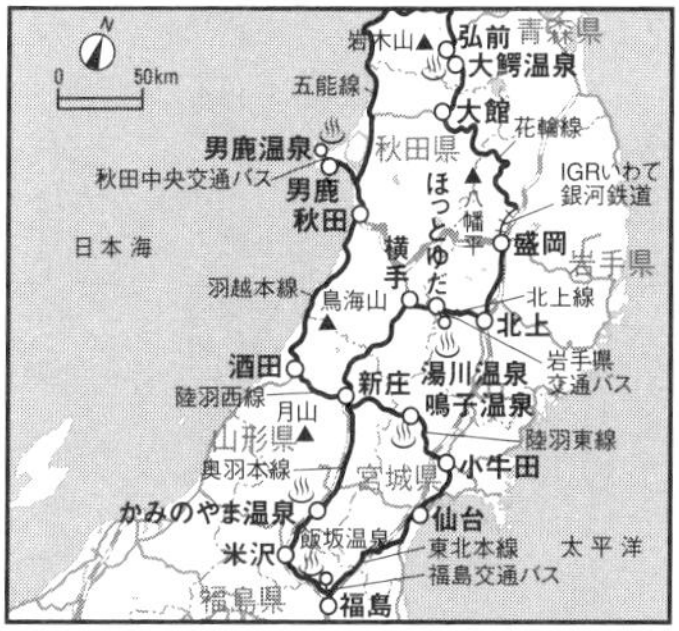

10 仙台

大坂、神戸

冬

中級

冬の夜が光り輝くイルミネーションの旅

4泊5日…青春18きっぷを1回で使い切ってしまうという旅は、大阪・神戸・名古屋・新潟をまわっての「冬のイルミネーションの旅」というロマンチックなコースである。

1泊目の東京までの移動では、宇都宮で餃子タイムを用意。東西の長い旅に重宝する「ムーンライトながら」は今回もはずせない。発車までは東京タワーのライトアップやタワーから眺める夜景で、旅のスタートを盛り上げていただきたい。2泊目、大阪での観光タイムはたっぷり。「ながら」を使っての大阪入りは、乗り換えで時間調節をして大阪駅のラッシュタイムを避けるのもいい。午後からは新梅田シティ・ワンダースクエアで毎年開かれる「ドイツ・クリスマスマーケット」を楽しもう。夕暮れとともに日本最大級のクリスマス・ツリーが点灯されクリスマスムードも高まる。大坂・神戸間は30分前後、神戸ハーバーランドの「ガス燈通りのイルミネーション」もあるので、時間を上手に使って両方とも存分に楽しんでいただきたい。

3日目は神戸観光後、名古屋へ移動して、JRセントラルタワーを舞台に多彩な光の装飾を施した「タワーズ・ライツ」を楽しむ。名古屋と神戸、どちらの滞在を長くとるかは自由。

4日目は新潟へ移動して、今度は冬景色の中で「光のページェント」を見物。5日目、連日各都市での冬のイルミネーションを堪能しての帰路では、雪の会津若松城に寄り道を。そして仙台では、人気の「光のページェント」を楽しみたい。

1日目

仙台	発	852	東北本線
福島	着	1016	乗り換え
	発	1024	東北本線
郡山	着	1112	乗り換え
	発	1119	東北本線
黒磯	着	1221	乗り換え
	発	1235	東北本線
宇都宮	着	1325	昼食・餃子
	発	1508	東北本線
上野	着	1653	乗り換え
	発	1659	京浜東北線
東京	着	1706	東京タワーライトアップ・夕食
	発	2310	快速ムーンライトながら(要予約)

2日目

大垣	着	652	乗り換え
	発	657	東海道本線
米原	着	731	乗り換え
	発	732	東海道本線新快速
大阪	着	902	ドイツ・クリスマスマーケット、観光
	発	1900	東海道本線新快速
神戸	着	1925	ガス燈通りのイルミネーション・宿泊

3日目

神戸	発	1203	東海道本線新快速
米原	着	1351	乗り換え
	発	1359	東海道本線
大垣	着	1433	乗り換え
	発	1440	東海道本線新快速
名古屋	着	1510	タワーズ・ライツ、観光、宿泊

4日目

名古屋	発	831	中央本線快速
中津川	着	944	乗り換え
	発	1010	中央本線・篠ノ井線
松本	着	1229	乗り換え
	発	1326	篠ノ井線
長野	着	1440	乗り換え
	発	1516	信越本線・妙高7号
新井	着	1623	乗り換え
	発	1706	快速くびき野5号
新潟	着	1927	光のページェント、宿泊

5日目

新潟	発	912	信越本線・磐越西線
会津若松	着	1153	昼食・会津若松城見学
	発	1413	磐越西線快速
郡山	着	1515	乗り換え
	発	1537	東北本線
福島	着	1624	乗り換え
	発	1632	東北本線
仙台	着	1754	仙台光のページェント

旅のポイント

①青春18きっぷをフル活用してのロングバージョン。
②国内の代表的な冬のイルミネーションイベントをひとめぐり。
③大坂・神戸の観光タイムもしっかり確保。

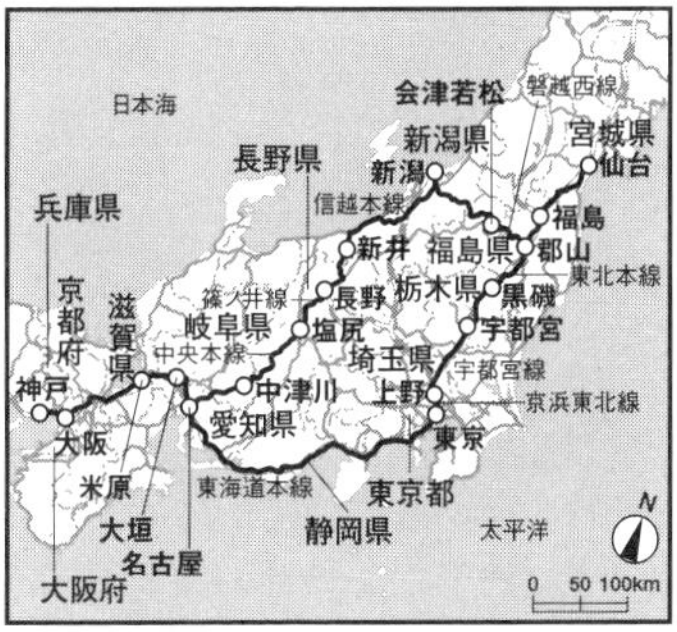

首都圏発(東京・上野・新宿)

東京駅夜景

北へ、南へ、東へ、西へ。首都圏からはどこへでも足を延ばせる路線のネットワークが用意されている。季節ごと、テーマごと、また、特に予定を決めずにぶらりと出かけることができるのも、首都圏発の『青春18きっぷ』旅行の強みだろう。上野駅は東北、上越、常磐方面の窓口。ここから東北本線、常磐線を使えば、会津、三陸海岸などのうまい物探しの旅、日光、仙台・米沢などの歴史探訪の旅、上越線を使えば飯山線や吾妻線をめぐるローカル線の旅に出かけることもできる。

近年人気の山梨や、ハイブリッド車両導入で話題にもなっている風光明媚な小海線に乗るには新宿駅が玄関口になる。中央線を利用すれば飛騨高山、アルプスの山々にも足が延ばせる。人気の新潟行き深夜急行「ムーンライトえちご」も新宿駅の発車だ。

そして日本鉄道路線の中心、東京駅。箱根、鎌倉へはもちろん、伊豆や身延への旅の出発点も、この駅だ。深夜急行「ムーンライトながら」を使えば、わずかな時間でリーズナブルに夢の京都旅行に出かけることもできる。また、「ながら」を乗り継いでいけば、その行く手は無限に広がる。計画を立てるところから、楽しくなってしまいそうだ。

11 上野

リアス式海岸の絶景と鍾乳洞に涼む夏のみちのく

三陸海岸、龍泉洞

夏　中級

三陸海岸にみちのくの涼を求めての旅。仙台までの長旅の寄り道は、郡山から猪苗代へ磐越西線で。駅から湖畔までは距離があるが、目の前に迫る表磐梯の雄大な眺めで一服。仙台では日程が合えば、プロ野球・東北楽天ゴールデンイーグルスのナイトゲーム観戦や、名物牛タン料理などで杜の都の夜を楽しもう。2日目は仙石線・松島海岸の車窓や気仙沼線の乗り継ぎを楽しみながら三陸海岸へ。三陸鉄道は青春18きっぷの提示で、一日乗り放題の「とく割フリーキップ」が通し料金の半額で利用できる。2日目は盛駅、3日目は宮古駅で購入すること。

メインは三陸鉄道北リアス線を乗りこなして楽しむ3日目。車窓に現れては消える男性的な海岸線と、龍泉洞の幻想的な眺めを一日満喫。北山崎展望台からのダイナミックな景観は息をのむ迫力だ。盛岡へ向かう山田線は、ローカルムードたっぷり。残念ながら国鉄型のディーゼルカー・キハ52などは姿を消したが、周囲を緑に囲まれた車窓風景は「走る森林浴」。分水嶺にあたる区界駅は、真夏でも涼しげな高原の風情がある。

4日目は午前中いっぱい、南部10万石の城下町・盛岡の散策にあてる。宮沢賢治の作品をモチーフにした喫茶店や、白い石垣に囲まれた不来方（盛岡）城址など、市内には見どころが多い。昼食は名物わんこそばや、冷麺などがおすすめ。仙台で30分ほど乗り継ぎ時間があるので、「日本一の種類と質」といわれる駅弁を夕食に選んでから、帰路につこう。

1日目

上野	発	758	東北本線快速ラビット
宇都宮	着	927	乗り換え
	発	932	東北本線
黒磯	着	1021	乗り換え
	発	1033	東北本線
郡山	着	1137	乗り換え
	発	1143	磐越西線
猪苗代	着	1232	猪苗代湖畔散策・昼食
	発	1441	磐越西線快速
郡山	着	1515	乗り換え
	発	1537	東北本線
福島	着	1624	乗り換え
	発	1632	東北本線
仙台	着	1754	宿泊

2日目

あおば通	発	732	仙石線
石巻	着	857	乗り換え
	発	901	石巻線
前谷地	着	921	乗り換え
	発	943	気仙沼線快速南三陸1号
気仙沼	着	1053	昼食
	発	1251	大船渡線
盛	着	1356	乗り換え
	発	1440	三陸鉄道南リアス線（※割引530円）
釜石	着	1532	乗り継ぎ（直通）
	発	1539	山田線
宮古	着	1701	宿泊

3日目

宮古	発	805	三陸鉄道北リアス線（※割引900円）
小本	着	837	乗り換え
小本駅前	発	842	岩泉自動車運輸バス（600円）
龍泉洞前	着	908	龍泉洞見学（1000円）
	発	1114	岩泉自動車運輸バス
小本駅前	着	1141	乗り換え
小本	発	1149	三陸鉄道北リアス線
田野畑	着	1200	乗り換え
田野畑駅	発	1205	田野畑村村民バス（300円）
北山崎	着	1233	北山崎展望台
	発	1323	田野畑村村民バス
田野畑駅	着	1339	乗り換え（田野畑アイス）
田野畑	発	1503	三陸鉄道北リアス線
宮古	着	1546	乗り換え
	発	1554	山田線
盛岡	着	1802	宿泊

4日目

盛岡			盛岡観光（わんこそば）
盛岡	発	1211	東北本線
一ノ関	着	1340	乗り換え
	発	1354	東北本線
仙台	着	1538	乗り換え
	発	1605	東北本線快速仙台シティラビット6号
福島	着	1718	乗り換え
	発	1724	東北本線
黒磯	着	1917	乗り換え
	発	1931	東北本線
宇都宮	着	2021	乗り換え
	発	2038	東北本線通勤快速
上野	着	2205	

旅のポイント

①三陸鉄道で楽しむリアス式海岸の眺め。
②龍泉洞の幻想美と涼を楽しむ。
③行きは猪苗代湖、帰りは盛岡観光のオマケ付き。

12 上野

伊達と上杉、南東北城下町巡り

米沢、仙台

夏 初級

伊達氏、上杉氏が築いた東北の町、仙台と米沢を、上野発で1泊2日で巡る。1日目は、上野から東北本線、奥羽本線で一路米沢へ。米沢駅からバスで10分ほどの松が岬公園に行きたい。この公園は米沢城の跡地を整備した公園。園内には上杉謙信を祀る上杉神社などがある。米沢を観光したら、山形で人気のかみのやま温泉に宿泊。翌日は、伊達政宗の騎馬像が見守る仙台へ向かう。そしてその騎馬像があるのが仙台城跡。仙台駅を起点に、市内の観光スポットを一周するバス・るーぷる仙台を利用すれば22分。伊達家の居城をゆっくりと巡ってみよう。

1日目

上野	発	758	東北本線・快速ラビット
宇都宮	着	927	
	発	932	東北本線
黒磯	着	1021	
	発	1033	東北本線
郡山	着	1137	
	発	1155	東北本線
福島	着	1243	
	発	1254	奥羽本線
米沢	着	1340	観光（米沢城跡など）
	発	1730	奥羽本線
かみのやま温泉	着	1805	

2日目

かみのやま温泉	発	838	奥羽本線
山形	着	850	
	発	857	仙山線
仙台	着	1018	観光（仙台城跡など）
	発	1502	東北本線
福島	着	1623	
	発	1628	東北本線
黒磯	着	1832	
	発	1835	東北本線
宇都宮	着	1924	
	発	1942	東北本線・通勤快速
上野	着	2112	

旅のポイント

①東北で栄えた伊達氏と上杉氏の居城を巡る。
②仙台、米沢、それぞれ約4時間滞在。
③歴史ある名湯、かみのやま温泉に宿泊。

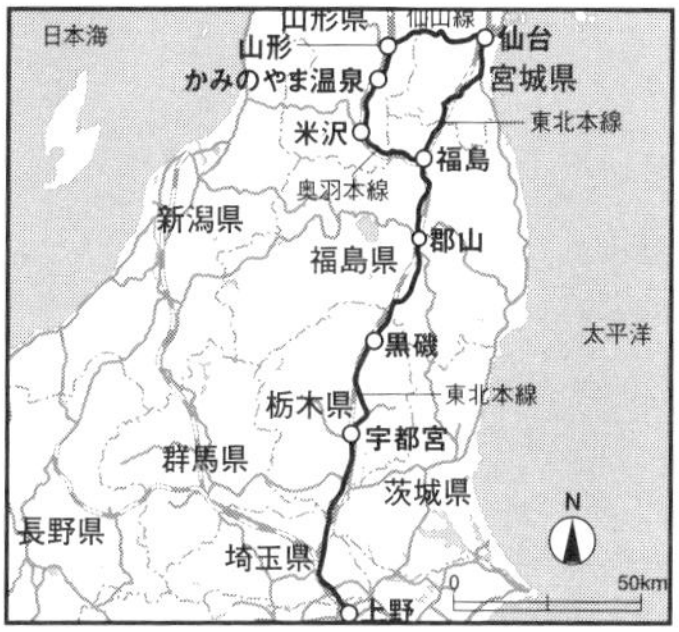

13 東京

往復夜行快速で、夏の日本海海岸線と金沢をいく

新潟、金沢、東尋坊

夏

中級

「ムーンライトえちご」（新宿〜新潟）、「ムーンライトながら」（東京〜大垣）の2本の夜行快速を、往復で利用するプラン。プラン通りに氷見に1泊すると、計3枚の青春18きっぷを使用する。「ムーンライトえちご」が到着する新潟と「ムーンライトながら」が発車する大垣の間を、新潟、富山、石川、福井と、日本海沿いを南下していき、夏の日本海の景観を存分に楽しめる。

早朝の新潟に到着したら、早速、越後線、信越本線を乗り継いでいき、鯨波で下車。ここで、夜行快速と早朝からの列車旅で凝った身体をほぐしながら、「日本の渚百選」にも選ばれた鯨波海岸を散策しよう。

さらに信越本線、北陸本線を進み、富山で名物駅弁「ますのすし」を買って、車内でお昼タイム。

高岡で氷見線に乗り換え。源義経の伝説が残る雨晴海岸に立ち寄り、またも日本海の海岸を堪能。

氷見に宿泊した翌日の朝は、「日本の朝日百選」に選ばれた朝日を拝みたい。気分爽快になったところで、高岡に戻り、北陸本線で西へ。加賀百万石の城下町、金沢では兼六園などを訪れる。さらに、海岸線の極めつけとして、東尋坊まで足を延ばしてみよう。

あとは、「ムーンライトながら」の待つ大垣へ向かう。とはいえ、やはり夜行快速の往復はな

かなかハード。自分の体力と相談しながら、往復どちらかを新幹線に変更するなど、工夫したい。

1～2日目

新宿	発	2310	ムーンライトえちご
新潟	着	451	
	発	459	越後線
吉田	着	553	
	発	556	越後線
柏崎	着	708	
	発	725	信越本線
鯨波	着	729	散策(鯨波海岸を散策)
	発	752	信越本線
直江津	着	829	
	発	1042	北陸本線
富山	着	1235	駅弁「ますのすし」を購入
	発	1255	北陸本線
高岡	着	1314	
	発	1412	氷見線
雨晴	着	1431	散策(雨晴海岸を散策)
	発	1519	氷見線
氷見	着	1527	

3～4日目

氷見			「日本の朝日百選」の朝日を見る
	発	844	氷見線
高岡	着	915	
	発	942	北陸本線
金沢	着	1021	観光(兼六園など)
	発	1407	北陸本線
芦原温泉	着	1512	
	発	1540	京福バス(750円)
東尋坊	着	1620	観光(東尋坊)
	発	1747	京福バス
芦原温泉	着	1824	
	発	1938	北陸本線
敦賀	着	1201	
	発	2110	北陸本線
米原	着	2159	
	発	2231	東海道本線
大垣	着	2302	
	発	2319	ムーンライトながら
東京	着	505	

旅のポイント

①往復とも夜行快速を利用して時間をフル活用。
②日本海の海岸線の景観を満喫する。
③兼六園、東尋坊も観光。

14 上野 ▶ 津南、野沢温泉

夏

中級

満開ヒマワリ、外湯めぐりさわやか飯山線の旅

夏のさわやかなローカル線を楽しむには飯山線をオススメしたい。信濃川から千曲川へと名前を変えながら、ゆるやかに流れる川とともに走る車窓には、のどかな田園風景とさわやかな緑が広がる。そんな旅で途中下車するのは津南。広々とした畑一面に咲き誇るヒマワリが夏を謳歌している。ヒマワリ広場には、開花時期をずらして咲くヒマワリ畑が3面あり、7月下旬から8月中旬まで花々を楽しむことができる。宿泊は野沢温泉。ここでの楽しみは、外湯めぐり。風情ある湯屋造りの「大湯」をはじめ、13もある外湯をはしごしてみよう。

1日目

上野	発	627	高崎線
高崎	着	814	乗り換え
	発	823	上越線
水上	着	927	乗り換え
	発	950	上越線
越後川口	着	1123	乗り換え
	発	1301	飯山線
十日町	着	1327	乗り換え
	発	1336	飯山線
津南	着	1402	ひまわり広場
	発	1639	飯山線
戸狩野沢温泉	着	1734	乗り換え
戸狩野沢温泉駅	発	1735	のざわ温泉交通バス(300円)
野沢温泉	着	1750	外湯めぐり・宿泊

2日目

野沢温泉	発	930	のざわ温泉交通バス
戸狩野沢温泉駅	着	945	乗り換え
戸狩野沢温泉	発	1003	飯山線・信越本線
長野	着	1102	乗り換え
	発	1123	信越本線・篠ノ井線快速みすず
松本	着	1227	松本観光
	発	1639	中央本線
大月	着	1947	乗り換え
	発	1952	中央本線・中央線特快
新宿	着	2127	

旅のポイント

①夏の風物詩・津南のヒマワリを見物。
②野沢温泉の外湯めぐりで温泉三昧。
③飯山線の車窓から楽しむのどかな夏。

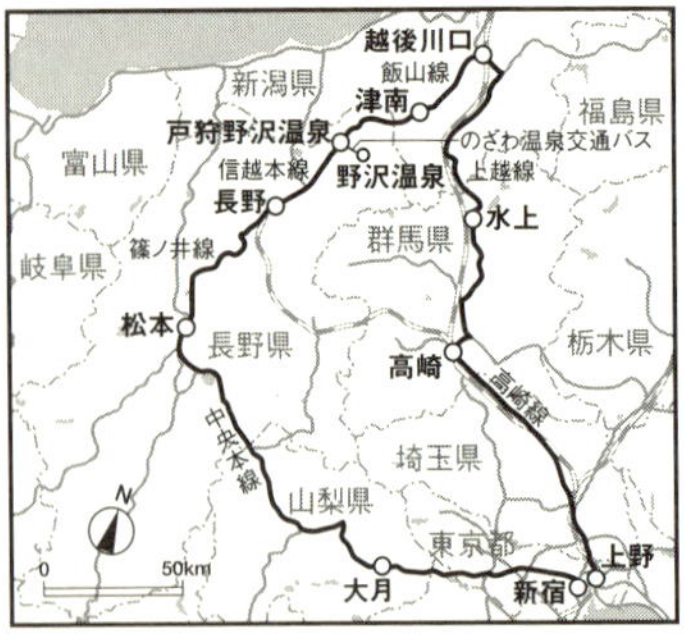

15 新宿

中央アルプス横断、奥飛騨温泉郷の旅

平湯温泉、高山

夏 初級

松本から飛騨高山方面へ、中央アルプスが列車の行く手を阻む区間を、安房トンネルの開通で便利になった急行バスを利用して横断してしまおうというちゃっかり旅の提案である。

松本までの中央本線の車窓も、アプローチとして流すには惜しい。正面左手に迫る山々の険しさは「本当にあそこを越えるの?」と、不安にさせられるほどの迫力だ。１日目は早めに平湯温泉に入り、共同浴場などをめぐり、温泉気分を満喫していただきたい。平湯温泉発祥の地・神の湯や、民俗館を併設した平湯の湯などがある。

さて、ポイントは2日目。すぐに高山へ向かうのはもったいない。乗鞍・上高地へのマイカー規制によって生まれたシャトルバスを利用して、乗鞍岳山頂の畳平へと足を延ばそう。乗鞍の眺めを楽しみ、標高２７００ｍという畳平散策で中央アルプスを体感できる。高山植物の見ごろは7月上旬から8月中旬にかけて。ハクサンイチゲやミヤマキンバイなどの可憐な花が、目を楽しませてくれる。バスターミナルから一周30分ほどで群落を巡るルートもあり、午後には高山に入り、ゆっくり昼食を摂ってから、半日かけて市内観光ができる。

高山の古い町並み、上三之町などへは駅から歩いて10分ほど。飛騨の匠の技を活かした民芸品などを展示・販売する店が点在する。食事は名産・飛騨牛の朴葉焼や、予算しだいでは飛騨中華とも呼ばれる高山ラーメンでも。駄菓子やみたらし団子などの和風スイーツも、食後に楽しみたい。宿も高級ホテルから、町屋の面影を残した和風旅館まで、さまざま用意されている。地酒の蔵元も市内に8軒、好みの味を探してみよう。翌朝は、出発前に朝市も冷やかしたい。

旅はそれで終わりではない。高山から美濃太田への高山本線の渓谷美が、最後を飾ってくれる。白眉は飛騨金山から下呂温泉まで、28キロにわたって続く中山七里の風景だ。白い岩肌の奇岩・巨岩が連なっている様子が車窓からも十分、眺められる。

奥飛騨の温泉と乗鞍高原の大自然……。多少の出費を覚悟すれば、かなり魅力的なコースだ。

1日目			
新宿	発	742	中央線快速
高尾	着	835	乗り換え
	発	846	中央本線
甲府	着	1024	乗り換え・駅弁
	発	1056	中央本線・篠ノ井線
松本	着	1251	乗り換え
松本バスターミナル	発	1350	松本電気鉄道バス（2300円）
平湯温泉	着	1520	平湯散策・宿泊
2日目			
平湯温泉	発	840	濃飛乗合自動車バス（往復2000円）
乗鞍畳平	着	940	畳平散策
	発	1150	濃飛乗合自動車バス
平湯温泉	着	1250	乗り換え
	発	1325	濃飛乗合自動車バス（1530円）
高山バスセンター	着	1422	高山観光・宿泊
3日目			
高山	発	1035	高山本線
美濃太田	着	1301	乗り換え
	発	1328	高山本線
岐阜	着	1402	乗り換え
	発	1407	東海道本線・快速
豊橋	着	1517	乗り換え
	発	1534	東海道本線
浜松	着	1610	乗り換え
	発	1612	東海道本線
熱海	着	1841	乗り換え
	発	1859	東海道本線
東京	着	2053	

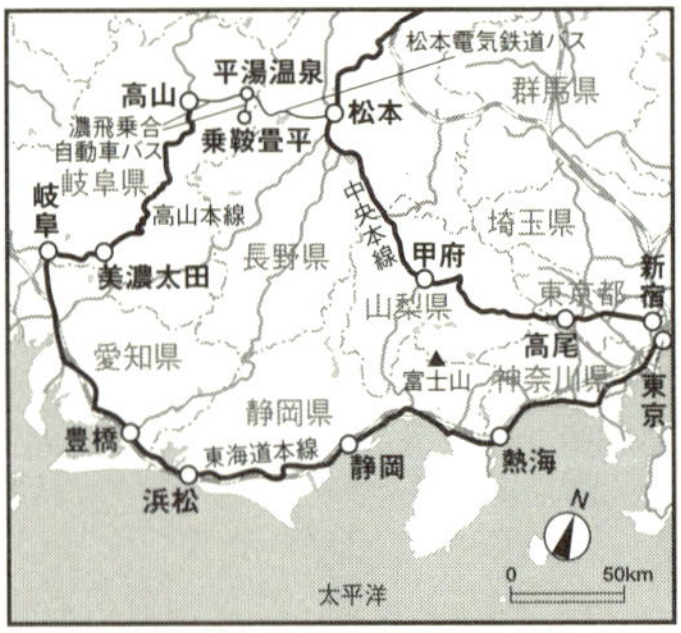

旅のポイント

①平湯温泉に宿泊、奥飛騨の風情を。
②乗鞍岳畳平で中央アルプスを体感。
③ちゃっかり高山観光もゆっくりと。

16 東京

走れSL、頑張れアプト秘境を走る列車の旅

大井川鉄道、寸又峡《すまたきょう》

夏

初級

大井川鉄道は、金谷～千頭の大井川本線と千頭～井川間をアプト式鉄道（急勾配歯車式）で走る井川線（南アルプスあぷとライン）に分かれる。この両線を制覇してこそ大井川鉄道の魅力が分かろうというもの。まずは、金谷～千頭間を走るSL列車の乗車予約を取ること。18きっぷ期間中は、基本的に2往復（一部1往復の日もあり）。通しで乗車するには、行きか帰りの1本に的を絞ることが大事。宿泊は、秘湯の趣たっぷりの寸又峡温泉。2日目にはアプト列車を奥大井湖上駅で降り、1区間のハイキングを楽しむ。

1日目

東京	発	740	東海道本線
熱海	着	930	乗り換え
	発	937	東海道本線
焼津	着	1105	焼津さかなセンター（昼食）
	発	1255	東海道本線
金谷	着	1313	乗り換え
	発	1324	大井川鉄道（1810円）
千頭	着	1440	乗り換え
	発	1520	南アルプスあぷとライン（400円）
奥泉	着	1550	乗り換え
奥泉駅前	発	1610	大井川鉄道バス（620円）
寸又峡温泉	着	1640	寸又峡散策・宿泊

2日目

寸又峡温泉	発	840	大井川鉄道バス（620円）
奥泉駅前	着	910	乗り換え
奥泉	発	931	南アルプスあぷとライン（350円）
奥大井湖上	着	1001	レインボーブリッジハイキング
接岨峡温泉	発	1141	南アルプスあぷとライン（500円）
井川	着	1218	乗り換え・昼食
	発	1312	南アルプスあぷとライン（1280円）
千頭	着	1504	乗り換え
	発	1523	大井川鉄道SL急行（1810円＋予約560円）
金谷	着	1646	乗り換え
	発	1653	東海道本線
熱海	着	1841	乗り換え
	発	1859	東海道本線
東京	着	2053	

旅のポイント

①大井川鉄道のSL列車に乗車。
②歯車レールのアプト式鉄道も制覇。
③寸又峡温泉宿泊、接岨峡ハイキング。

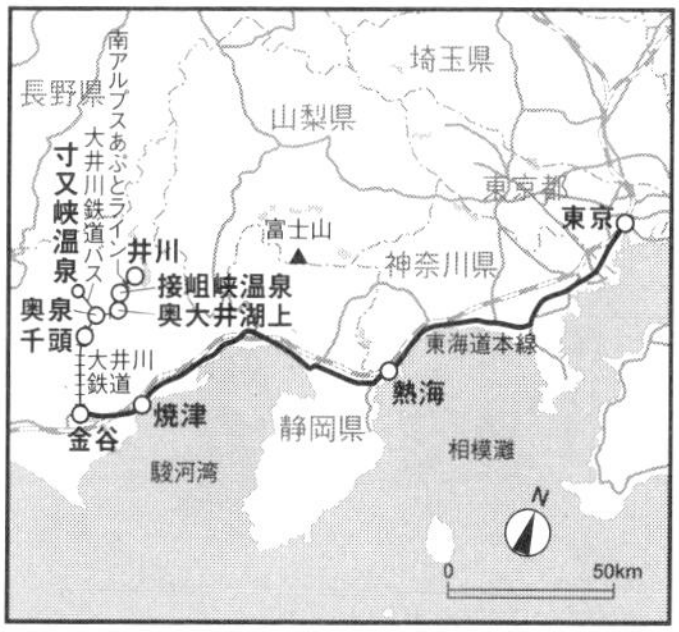

17 東京 → 京都

夏

中級

「ながら」の往復利用で京都11時間滞在

日本を代表する人気の観光地、京都を格安で観光したい人のためのシンプルなプラン。

プランのように、往復に「ムーンライトながら」を利用して、京都滞在を1日（約11時間）にしたとしたら、往復4600円で行けるものの、けっこうな強行軍となることは間違いなし。「ムーンライトながら」の到着後、発車前の京都との連絡時間を参考にし、京都の滞在日数を好みに合わせて調整してみることをおすすめする。

夏の京都で知られるのは、やはり祇園祭。有名な山鉾巡行は7月17日に行われてしまうが、祭自体は7月いっぱい1か月間行われている。また8月16日には、「大文字焼き」という名前で広く知られる、「五山の送り火」が行われる。

1日目

東京	発	2310	ムーンライトながら
大垣	着	652	
	発	657	東海道本線
米原	着	731	
	発	748	東海道本線・新快速
京都	着	842	観光
	発	2130	東海道本線・新快速
米原	着	2223	
	発	2231	東海道本線
大垣	着	2302	
	発	2319	ムーンライトながら
東京	着	505	

旅のポイント

①往復夜行快速で滞在時間たっぷり。
②京都発着の時間を押さえておけば京都滞在中はフリー。
③4600円で東京～京都往復。

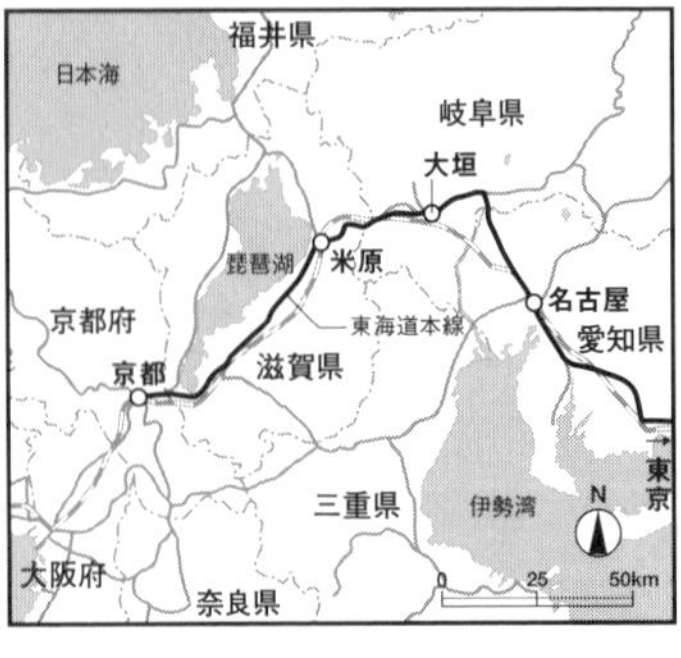

18 東京 北東北 冬 中級

雪に降られて、湯を浴びて、みちのく冬ものがたり

東北新幹線はやてに乗り込む。わずか3時間で八戸へ。青春18きっぷの旅は、八戸からスタート。

八戸の市街地は、八戸線で東へ向かった海岸寄りに広がっている。まず陸奥湊駅前の魚菜市場へ。１９５３（昭和28）年の開設以来、八戸市民の台所を支えた伝統の市営市場では、「浜のかっちゃ」たちの元気な笑顔が待っている。鮮魚店で買った品物に一膳１００円のごはんを付けて「マイ定食」をしつらえ、食べることのできるスペースも設けられている。

青森経由で、晴れていれば津軽富士・岩木山の白い稜線が鮮やかに眺められる奥羽本線で、川部へ。ここから五能線を行く展望列車「リゾートしらかみ」は、雪に覆われた世界遺産・白神山地を左手に見ながら日本海の荒波に沿う。宿泊はウェスパ椿山か、黄金崎不老ふ死温泉。ともに日本海のまん前である。

２日目は東能代で乗り換え、佐竹20万石の城下町・秋田へ。ここでも駅から徒歩5分ほどにある秋田市民市場をのぞこう。県内一円はもちろん、山形県の庄内地方からもさまざまな産品が集まる、東北きっての大規模市場だ。直営の回転寿司「市場いちばん寿司」は、驚くほど安くて新鮮なネタがそろう。焼き物なら、同じく直営の「焼焼庵」と書いて〝ふうふうあん〟へ。炙りきりたんぽは、鍋とはまた違った独特な風味がある。この日の宿泊は新庄を経て、山間の

宮城・鳴子温泉へ。『おくのほそ道』で松尾芭蕉がたどったルートを、逆に進む。

3日目の福島の奥座敷・飯坂温泉へは、元・東急のステンレスカーが運んでくれる。温泉街では、雪を踏みしめての共同浴場めぐり。温泉へ、海へ、市場へ、温泉へ、「みちのく冬ものがたり」は、奥の深い旅である。

1日目

東京	発	656	東北新幹線はやて1号
八戸	着	1003	乗り換え
	発	1016	八戸線うみねこ
陸奥湊	着	1032	八戸漁菜市場
	発	1135	八戸線
八戸	着	1151	乗り換え
	発	1202	東北本線
青森	着	1340	乗り換え
	発	1351	奥羽本線・五能線 リゾートしらかみ4号（予約）
ウェスパ椿山	着	1645	宿泊

2日目

艫作	発	758	五能線　黄金崎不老ふ死温泉宿泊
ウェスパ椿山	発	802	五能線　※ウェスパ椿山泊の場合
東能代	着	941	乗り換え
	発	1047	奥羽本線
秋田	着	1149	秋田市民市場（昼食）
	発	1232	奥羽本線
新庄	着	1515	乗り換え
	発	1609	陸羽東線
鳴子温泉	着	1716	宿泊

3日目

鳴子温泉	発	825	陸羽東線
小牛田	着	921	乗り換え
	発	1001	東北本線
仙台	着	1046	乗り換え
	発	1104	快速仙台シティラビット2号
福島	着	1216	乗り換え
	発	1235	福島交通　360円
飯坂温泉	着	1258	共同浴場めぐり
	発	1530	福島交通
福島	着	1553	乗り換え
	発	1628	東北本線
黒磯	着	1832	乗り換え
	発	1835	東北本線
宇都宮	着	1924	乗り換え
	発	1926	宇都宮線・湘南新宿ライン
新宿	着	2114	

旅のポイント

①後は白神山地、前は日本海、絶景のウェスパ椿山に下車。
②鳴子温泉・飯坂温泉と東北の名湯めぐり。
③八戸・秋田の市民市場で冬の暮らしをのぞく。

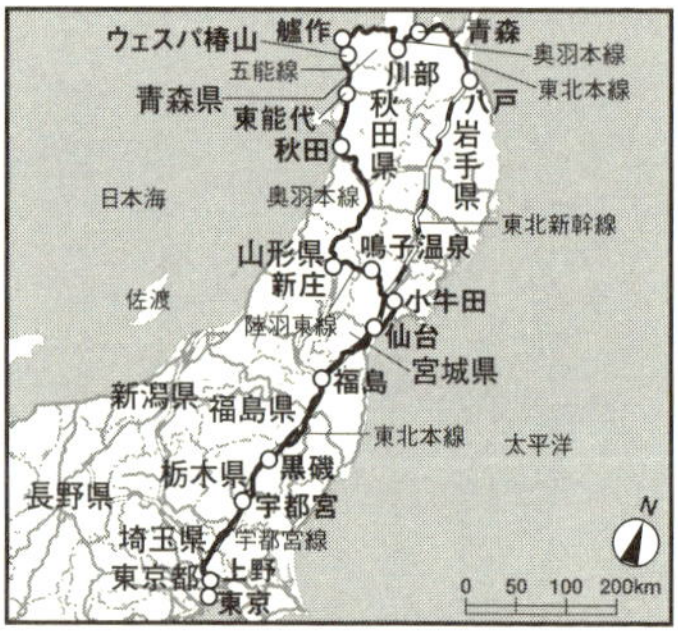

19 東京

梅は咲いたか、南関東の温泉めぐり

熱海、伊東、下部温泉

冬

初級

冬の旅となればいちばんの楽しみは温泉。そこで南関東の温泉めぐりといきたい。今回の宿泊は伊豆の伊東。途中下車は熱海。まずは来宮で熱海梅園の梅を観賞。日本一早咲きといわれるここの梅は、例年12月後半には咲き始める。昼食をとった後は、宇佐美でみかん狩り。食べ放題コース・おみやげ持ち帰りコースがあるので、選択はご自由に。こまめな途中下車を楽しんだところで伊東温泉へ。2日目は身延線へ。富士宮焼そばを楽しみ、身延山久遠寺へ。締めくくりは、下部温泉でのんびり散策。充実した1泊2日の冬の温泉旅である。

1日目

東京	発	921	東海道本線・伊東線
来宮	着	1115	熱海梅園散策
	発	1209	伊東線
熱海	着	1212	大湯間欠泉※昼食
	発	1413	伊東線
宇佐美	着	1432	みかん狩り
	発	1549	伊東線
伊東	着	1554	伊東観光・宿泊

2日目

伊東	発	819	伊東線
熱海	着	842	乗り換え
	発	851	東海道本線
富士	着	933	乗り換え
	発	942	身延線
富士宮	着	959	※富士宮焼そば
	発	1053	身延線
身延	着	1149	乗り換え
身延駅	発	1206	山交タウンコーチバス(280円)
身延山	着	1218	久遠寺参拝
	発	1330	山交タウンコーチバス
身延駅	着	1342	乗り換え
身延	発	1409	身延線
下部温泉	着	1420	温泉街散策※遅い昼食
	発	1629	身延線
甲府	着	1741	乗り換え
	発	1808	中央本線
高尾	着	1938	乗り換え
	発	1939	中央線快速
東京	着	2049	

旅のポイント

①熱海梅園、伊東のみかん狩りと温泉宿泊。
②久遠寺参拝後には下部温泉をのんびり散策。

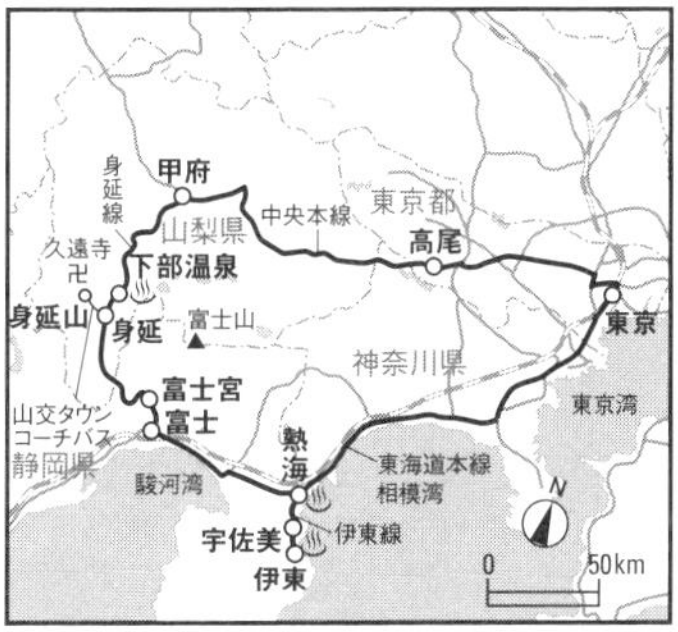

20 上野

旨いがいちばん北関東B級グルメツアー

宇都宮、佐野、行田

冬

初級

B級グルメという表現は当事者にとってはいかがなものか?という声もあるが、「安くて、旨くて、庶民的」と解釈すれば、これはもう立派な褒め言葉であると、力強く宣言して上野駅を出発。まずは、宇都宮ギョーザである。駅の前に建つギョーザのモニュメントに一礼したなら、さっそくお店へ。もちろん、店選びは出発前に決めておくこと。1時間20分で少なくとも2軒はまわりたい。佐野ラーメンも同様だが、2軒となるとお腹がツラい。1軒でオーケーならば、迷わず佐野厄除け大師の参拝にあてよう。日帰りグルメは時間のコントロールと同様に、お腹のコントロールも重要である。最後は、行田のゼリーフライ。ゼリーと名がついても、こちらはソース味のおからのコロッケ。これぞB級グルメの王道と思わせるその味は、満腹でも2個・3個と手が伸びる旨さである。

1日目

上野	発	758	東北本線快速ラビット
宇都宮	着	927	※宇都宮ギョーザ
	発	1052	東北本線
小金井	着	1113	乗り換え
	発	1114	東北本線
小山	着	1120	乗り換え
	発	1128	両毛線
佐野	着	1157	佐野厄除け大師参拝 ※佐野ラーメン
	発	1418	両毛線
前橋	着	1518	乗り換え
	発	1536	両毛線・上越線・高崎線
行田	着	1642	※行田ゼリーフライ
	発	1834	高崎線・東北本線
上野	着	1934	

旅のポイント

①宇都宮ではやっぱりギョーザを。
②ギョーザの次には佐野ラーメン。
③あっと驚く行田のゼリーフライ。

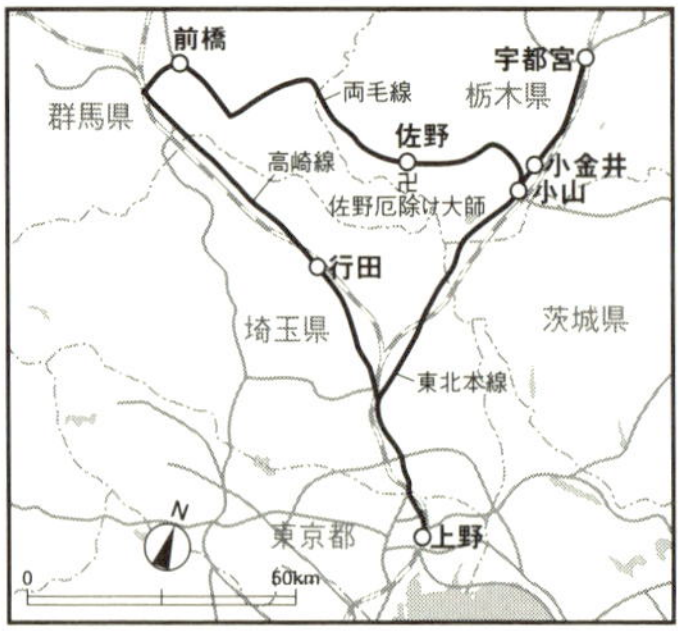

21 上野 佐野、笠間、成田

冬 初級

日帰り北関東、新春初詣の旅

北関東の初詣の有名どころを1日でめぐろうという欲張りなこの旅は、名所めぐりの楽しさと乗り継ぎの楽しさを体験できる。ただ、埼玉・栃木・茨城・千葉にまたがる4寺社の移動となるので、乗り換えには最新の注意が必要となる。駅から最も近い佐野厄除け大師で徒歩8分、他の3ヵ所は徒歩で片道20分ほど。乗り継ぎ列車の発車時間を頭に入れ、適宜タクシーやバスの利用も考慮したい。また、食事時間を特別にとるのもなかなか難しいが、これは逆に駅弁選びの楽しみや、参道でのあれこれ食べ歩きの楽しみができるということでもある。

1日目

上野	発	700	東北本線
大宮	着	725	氷川神社参拝
	発	900	東北本線
小山	着	952	乗り換え
	発	959	両毛線
佐野	着	1030	佐野厄除け大師参拝
	発	1125	両毛線
小山	着	1152	乗り換え
	発	1236	水戸線
笠間	着	1327	笠間稲荷神社参拝
	発	1427	水戸線
友部	着	1440	乗り換え
	発	1446	常磐線
我孫子	着	1600	乗り換え
	発	1616	成田線
成田	着	1701	成田山新勝寺参拝
	発	1847	成田線・常磐線快速
上野	着	2009	

旅のポイント

①武蔵野国一の宮・氷川神社からスタート。
②佐野厄除け大師、笠間稲荷神社をめぐる。
③成田山新勝寺で初詣の旅の締めくくり。

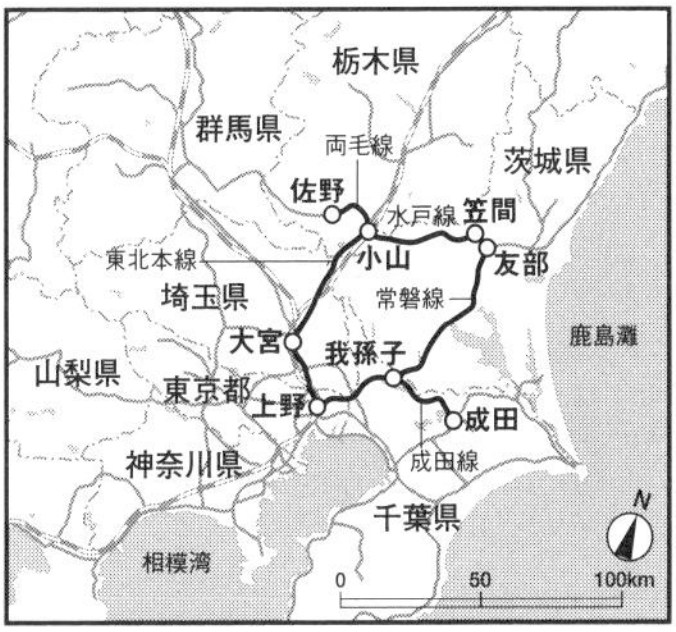

22 東京

御殿場線、身延線

冬

初級

晴れたら行きたい！ 富士山を眺める旅

必要条件は、早起きと晴れた空。特に冬場は、澄み渡った青空に雪化粧した富士山の姿がよく映える。早いスタートは、ひとつは沼津でゆっくりと昼食をとるためだが、いちばんの目的は、冬の太陽と同時進行のようにして富士山をまわり、車窓から冬の陽射しを浴びた富士山の姿を見るため。朝の光を浴びる御殿場線、昼の太陽は東海道本線、身延線では次第に明るみを帯びてくる富士。見る場所による山容の変化とともに、日差しによる変化もじっくりと味わっていただきたい。仕上げは、ほったらかし温泉に入りながら見る富士の夕景と名物「ほうとう」で。

1日目

東京	発	702	東海道本線
国府津	着	818	乗り換え
	発	840	御殿場線(車窓の富士)
御殿場	着	926	休憩
	発	946	御殿場線(車窓の富士)
沼津	着	1023	昼食（＝海の幸）
	発	1231	東海道本線・身延線(車窓の富士)
身延	着	1403	乗り換え
	発	1409	身延線
甲府	着	1522	乗り換え
	発	1531	中央本線
山梨市	着	1545	ほったらかし温泉・夕食(＝ほうとう)
	発	1822	中央本線
高尾	着	1938	乗り換え
	発	1939	中央線快速
東京	着	2049	

旅のポイント

①すそ野を一周しながら、車窓から富士山の眺めを楽しむ。
②沼津で新鮮な海の幸に舌鼓。
③ほったらかし温泉で富士山の夕景を眺め、温まる。

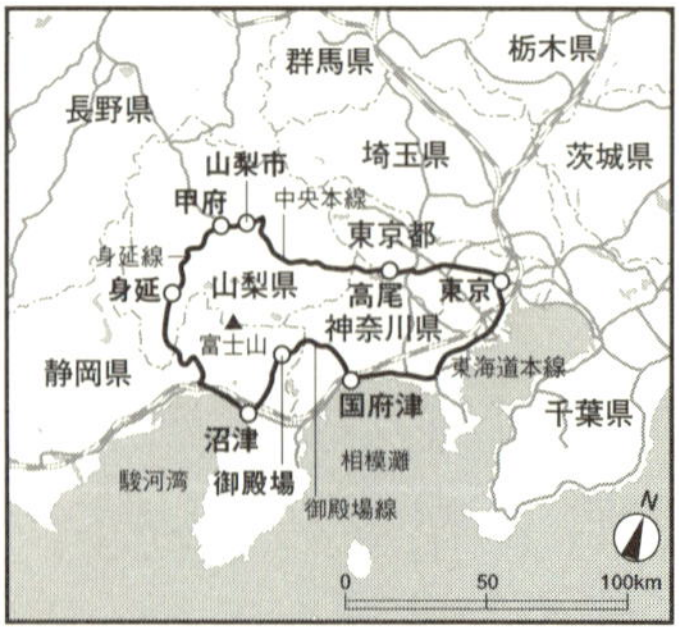

23 東京

ぐるり房総半島、春を先どり！ 花の旅

内房、外房

冬

初級

東京より、ひと足早く春の花々が咲く南房総を巡る。東京駅から内房線始発の千葉駅へは、8時10分発の成田空港行きより早い総武線快速を利用するのがポイント。余裕をもって内房線に乗り込んだら、数百万株という水仙が待つ保田駅へ。保田駅から徒歩10分ほど、七面川沿いに続く約3㎞の水仙ロードの両側に咲き誇る水仙を楽しみながらの散策の後は、漁港側に出て海の幸で昼食を楽しむ。花摘みのできる花畑は千倉から太海まで点在するが、今回は太海フラワーセンターを利用。締めくくりは、夕暮れの御宿海岸で月の砂漠記念像を眺める。

1日目

東京	発	755	総武線快速
千葉	着	837	乗り換え
	発	858	内房線
保田	着	1030	保田水仙ロード散策(昼食)
	発	1338	内房線
太海	着	1439	花摘み体験
	発	1545	内房線
安房鴨川	着	1549	乗り換え
	発	1553	外房線
御宿	着	1628	月の砂漠記念像(夕食)
	発	1837	外房線
千葉	着	1952	乗り換え
	発	2006	総武線快速
東京	着	2044	

旅のポイント

①日本有数の水仙の産地・鋸南町保田の水仙ロードの散策。
②ひと足早い春を伝える南房総の花畑で、花摘み体験。
③房総の海の幸で「食べる楽しみ」も満喫。

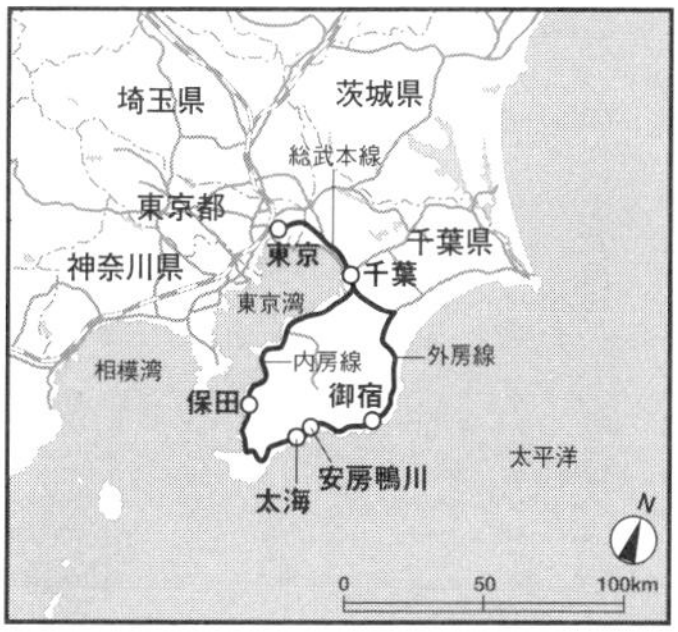

24 東京

冬の日本海、長丁場グルメ尽くしの旅

秋田、新潟、富山、金沢、敦賀、松江、下関

冬

上級

季節を問わず絶大な人気を誇るのが食いしん坊の旅。季節は冬、脂の乗った日本海の海の幸が食いしん坊たちを手招きしている。

1日目は東北新幹線で一気に八戸まで移動。ここから18きっぷの旅が始まる。まずは八戸魚菜市場をのぞき、早めの昼食を。周辺の食堂では迷わず、冬の名物じゃっぱ汁を注文。秋田では、しょっつる鍋にするか、きりたんぽ鍋にするか。迷ったら後で後悔しないように両方注文、これがこの旅の基本である。2日目は宿を早めに出て、秋田市民市場へ。元気な「かっちゃ（母ちゃん）」たちの前には、意外な旨い掘り出し物が。村上のイヨボヤ会館では、本場のサケ料理のレシピ集を購入したい。新潟のノドグロは、刺身・焼き・煮物すべて良し。3日目は富山湾の海の幸のオンパレード。珍しいのは糸魚川のタラ汁。ここでは鮮度自慢のスケトウダラが使われている。金沢に宿泊したいところだが、翌日の移動を考えると、ぎりぎりまで金沢を楽しんで、福井に宿泊。

4日目、敦賀の越前ガニの後は、松江までの長い移動。4・5日目はどこでどの駅弁を買うかもチェックしておきたい。松江の宍道湖七珍に舌鼓を打って、いよいよ5日目。益田ではアユうるかをみやげに、下関のフグでグルメ完了。もちろん、帰りの新幹線用に駅弁ふくめしを仕入れるのも忘れずに。

1日目

東京	発	656	東北新幹線はやて1号
八戸	着	1003	乗り換え
	発	1016	八戸線うみねこ
陸奥湊	着	1032	八戸魚菜市場
	発	1135	八戸線
八戸	着	1151	乗り換え
	発	1202	東北本線
青森	着	1340	乗り換え
	発	1400	奥羽本線
秋田	着	1727	宿泊※しょっつる鍋・きりたんぽ鍋

2日目

秋田			秋田市民市場見学
秋田	発	950	羽越本線
酒田	着	1148	昼食(※寿司屋横丁)
	発	1304	羽越本線
村上	着	1519	イヨボヤ会館(※サケ料理レシピ集)
	発	1610	羽越本線･白新線(夕日)
新潟	着	1722	宿泊※ノドグロ・ヒラメ

3日目

新潟	発	742	越後線
吉田	着	833	乗り換え
	発	839	越後線
柏崎	着	946	乗り換え
	発	957	信越本線
直江津	着	1038	乗り換え
	発	1042	北陸本線
糸魚川	着	1119	昼食※タラ汁
	発	1256	北陸本線
富山	着	1408	乗り換え※駅弁ますのすし
	発	1423	北陸本線
金沢	着	1529	金沢観光※寒ブリ・甘エビ・かぶらずし
	発	1946	北陸本線
福井	着	2110	宿泊

4日目

福井	発	804	北陸本線
敦賀	着	856	※越前ガニ・駅弁かにめし
	発	1044	小浜線
東舞鶴	着	1250	乗り換え
	発	1307	舞鶴線
綾部	着	1337	乗り換え
	発	1404	山陰本線
福知山	着	1417	乗り換え
	発	1423	山陰本線
豊岡	着	1535	乗り換え
	発	1602	山陰本線
浜坂	着	1714	乗り換え
	発	1716	山陰本線
鳥取	着	1807	乗り換え
	発	1911	山陰本線快速鳥取ライナー
米子	着	2045	乗り換え
	発	2047	山陰本線
松江	着	2118	宿泊※宍道湖七珍

5日目

松江	発	901	山陰本線快速アクアライナー
益田	着	1208	※アユうるか
	発	1326	山陰本線
長門市	着	1510	乗り換え
	発	1513	山陰本線
小串	着	1621	乗り換え
	発	1631	山陰本線・山陽本線
下関	着	1717	乗り換え※駅弁ふくめし
	発	1725	山陽本線
門司	着	1731	乗り換え
	発	1732	鹿児島本線
小倉	着	1739	乗り換え
	発	1747	東海道・山陽新幹線のぞみ48号
東京	着	2233	

旅のポイント

①秋田〜下関、本州の日本海沿岸を一気に走破。
②郷土自慢・味自慢の日本海の幸を堪能。
③新幹線利用で、長丁場の列車旅プラン。

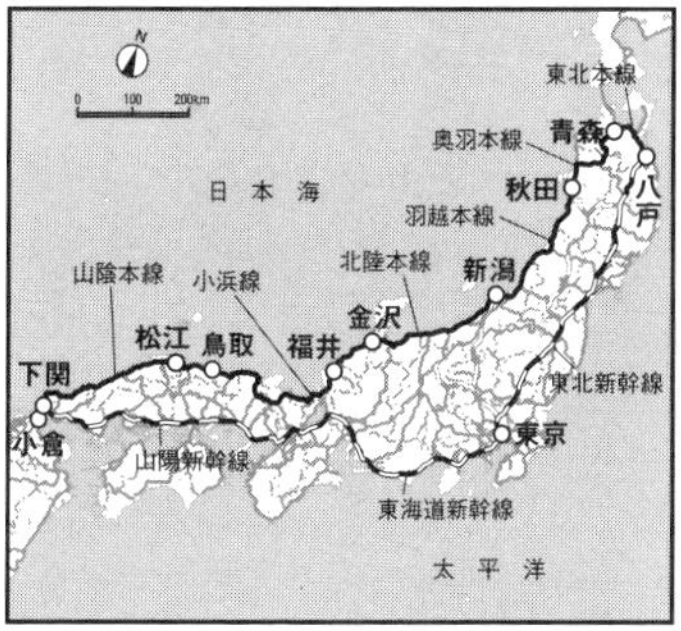

25

上野

水戸の梅まつりと笠間陶芸体験の旅

水戸、笠間

春

初級

水戸の梅まつりに、笠間での陶芸体験をプラスした日帰り旅。長い歴史をもつ水戸の梅まつりは3月いっぱい開催。会場の偕楽園は朝7時の開園なので、混み合う前に100種3000本という梅を観賞したい。午後は笠間観光へ。ここでは無料で運行されている「かさま周遊バス」を活用しよう。初めは笠間駅のふたつ手前友部駅から乗り込み、笠間稲荷神社へ。参拝の後は昼食も済ませて、やきもの通りへ。笠間焼の店やギャラリーが集まる通りの散策を楽しんだら、県立陶芸美術館見学。すぐ隣の「工芸の丘」では陶芸体験（要予約）に参加。

1日目

上野	発	631	常磐線
水戸	着	830	※偕楽園見学（水戸駅北口バスターミナル4・6番　230円）
水戸	発	1132	常磐線
友部	着	1146	乗り換え
友部	発	1150	かさま周遊バス（無料）
笠間稲荷神社	着	1205	※笠間稲荷神社参拝・昼食
笠間稲荷神社	発	1335	かさま周遊バス
やきもの通り	着	1347	※やきもの通り散策
やきもの通り	発	1417	かさま周遊バス
工芸の丘	着	1420	※陶芸美術館(300円)・陶芸体験
工芸の丘	発	1700	かさま周遊バス
笠間	着	1710	
笠間	発	1726	水戸線
小山	着	1825	乗り換え
小山	発	1842	東北本線
上野	着	1959	

※かさま周遊バスは月曜運休（月曜が休日の場合は翌日）

旅のポイント

①水戸の梅まつりを楽しむ。
②日本三大稲荷・笠間稲荷神社を参拝。
③笠間焼の本場で陶芸体験。

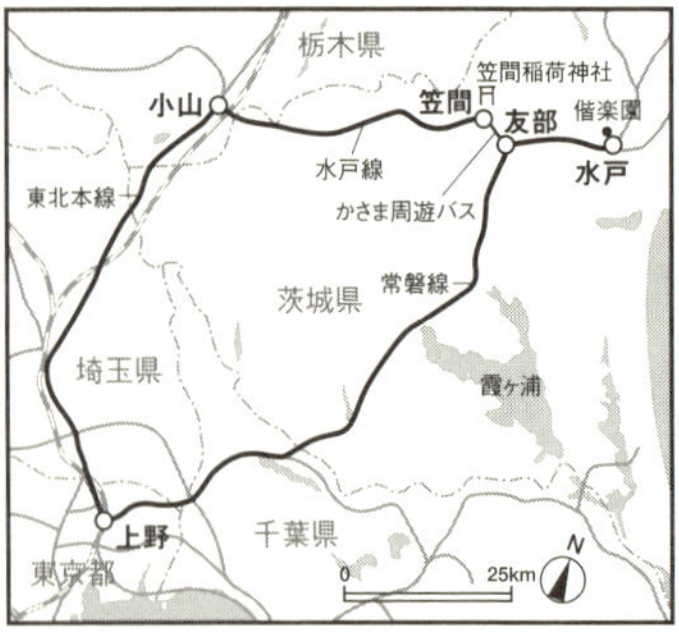

26 東京

フェリーで横断東京湾、春の花旅

鎌倉、マザー牧場

春 初級

それぞれに魅力たっぷりの「鎌倉の春」と「房総の春」を東京湾フェリーでつないでしまおうという欲張りな旅。前半は鎌倉。早目の出発で、鶴岡八幡宮の参道でもある若宮大路の店々が開く前に、段かずらの桜並木をゆっくり散策したい。午後はマザー牧場へ。浜金谷駅からもマザー牧場行きのバス（800円）は出ているので、急ぐ方はそちらを利用してもいい。3月のマザー牧場は300万本という菜の花がメイン。動物たちとのふれあい体験もあるので両方楽しんでみたい。東京湾フェリーも便数があるので、ある程度の時間調整は可能である。

1日目

東京	発	712	横須賀線
鎌倉	着	806	鶴岡八幡宮桜見物
	発	957	横須賀線
久里浜	着	1027	乗り換え
久里浜港	発	1100	東京湾フェリー(600円)
金谷港	着	1140	乗り換え
浜金谷	発	1233	内房線
佐貫町	着	1253	乗り換え
佐貫町駅前	発	1315	天羽日東バス（470円）
マザー牧場	着	1338	桜・菜の花見物（1500円）
	発	1555	天羽日東バス（470円）
佐貫町駅前	着	1618	乗り換え
佐貫町	発	1700	内房線
蘇我	着	1750	乗り換え
	発	1758	京葉線・快速
東京	着	1849	

旅のポイント

①春風を浴びて、東京湾をフェリーで横断。
②鶴岡八幡宮段かずらの桜並木で鎌倉の春を。
③マザー牧場の菜の花や桜で房総の春を。

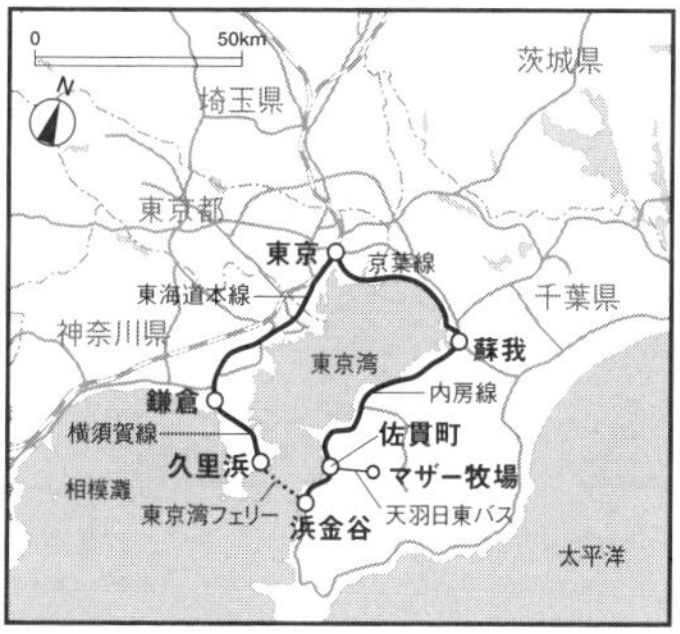

27 新宿

早春の木曽路。街道、宿場散策の旅

奈良井、妻籠、馬籠

春 中級

ようやく雪に覆われた冬が去った、木曽路の宿場町に春の気配を訪ねる旅。

１日目は甲府で昼食がてらの途中下車。名物ほうとうを味わっていこう。今宵の宿は奈良井。馬籠、妻籠に比べて知名度はやや劣るが、木曽路の難所・鳥居峠を控えた宿場は、かつて「奈良井千軒」と呼ばれて大変な賑わいをみせたという。奈良井川沿いの約１㎞にわたって今も残る宿場町らしい町並みをのんびり散策したい。食べ物なら五平餅や朴葉みそ、そばなど。伝統工芸なら漆器、陶芸品などの店があちこちに。旅館や民宿も昔ながらのたたずまいの中にある。

２日目は馬籠から妻籠まで、約７㎞の旧街道ハイク。地理的には妻籠宿の方が奈良井から近いが、あえて馬籠から戻る形で歩くことをオススメする。というのも標高８０１ｍの馬籠峠は馬籠側に近いので、その分ラクな下り道が多くなるのである。３月とはいえ残雪も残る道なので、観光協会で確認してから出発。このルートの魅力は、木曽のスギ林の中、ほどほどの高低差のある峠道を体験できることと、男滝・女滝など変化に富んだビューポイントが点在することだと地元の人は言う。寒さ対策も忘れずに。南木曽の温泉で汗を流して名古屋へ。

３日目は、まず掛川で下車。譜代大名が東海道の抑えとして配された城下町を歩く。掛川城は近年、木造建築で再建されたもの。続いて由比では東海道の宿場町の散策を。小高い山と海に挟まれたあけひろげな様子に、木曽路とはまた違った趣が感じられる。宿場の入り口には枡型と呼ばれる鉤の手の道筋がいまも残る。中ほどの由比本陣公園内には東海道広重美術館があり、当時の様子を示す浮世絵が数多く展示されている。本陣公園から数分の山側・国道396号沿いには「ゆい桜えび館」も。名産のサクラエビやシラスなどが手ごろな値段で販売されている。

1日目

新宿	発	742	中央本線快速
高尾	着	835	乗り換え
高尾	発	846	中央本線
甲府	着	1024	乗り換え※ほうとう
甲府	発	1149	中央本線
塩尻	着	1317	乗り換え
塩尻	発	1350	中央本線
奈良井	着	1411	※奈良井宿散策・宿泊

2日目

奈良井	発	831	中央本線
中津川	着	1000	乗り換え
中津川駅前	発	1020	濃飛乗合自動車(540円)
馬籠	着	1049	※馬籠宿散策・妻籠へ中仙道ハイク・妻籠宿散策
妻籠	発	1526	南木曽町営バス(300円)
南木曽駅前	着	1535	乗り換え※日帰り温泉入浴(木曽路館 700円)(シャトルバス1615駅発 1750木曽路館発)
南木曽	発	1828	中央本線
中津川	着	1847	乗り換え
中津川	発	1913	中央本線
名古屋	着	2031	宿泊

3日目

名古屋	発	835	東海道本線新快速
豊橋	着	929	乗り換え
豊橋	発	932	東海道本線
浜松	着	1005	乗り換え
浜松	発	1012	東海道本線
掛川	着	1037	※掛川城・掛川宿散策
掛川	発	1236	東海道本線
島田	着	1255	乗り換え
島田	発	1304	東海道本線
由比	着	1400	※由比宿散策・サクラエビ
由比	発	1719	東海道本線
熱海	着	1813	乗り換え
熱海	発	1824	東海道本線
東京	着	2010	

旅のポイント

①中山道奈良井宿の散策と宿泊。
②馬籠宿から妻籠宿まで中仙道ハイク。
③掛川・由比で東海道の宿場散策をおまけ。

28

新宿

新潟、富山

春

中級

獲れたて白えび、ホタルイカ、富山湾グルメの旅

青春18きっぷの旅に大活躍の「ムーンライトえちご」。今回は富山湾グルメの旅へと導いてくれる。

早朝着の新潟では信濃川を渡り、新潟島と呼ばれる中心街にある白山駅前の朝市をのぞいてみよう。出雲崎着は7時半前なので、日本海の幸での朝食は少々難しい。妻入りの古い町並みを眺めながら、良寛記念館前を経て海沿いの良寛堂までそぞろ歩く。最近は異色のアメリカ人演歌歌手ジェロが唄う「海雪」の舞台としても、出雲崎は知られるようになった。

乗り継ぎと親不知・子不知海岸などの風景を楽しみながら滑川で下車。旬を迎えているホタルイカ漁は夜だが、「ほたるいかミュージアム」で神秘的な姿を見ることができる。もちろん、昼食はホタルイカできめたい。富山では白えび料理を。特にサクサクとした天ぷらは絶品。ＪＲ富山港線をＬＲＴに改築した富山ライトレールの終点・岩瀬浜は白えびの水揚げ港としてにぎわう。宿泊地の高岡も路面電車・万葉線が走る街だ。町の象徴とされる古城公園の散策には、ちょっと厳しい時間の到着だが、そばには地元産品素材にした料理をリーズナブルな価格で提供するレストランもある。

2日目は早起き。氷見線の車窓からは富山湾越しに立山連峰の雄姿が。寒ブリの水揚げ港・氷見漁港では活気ある魚市場内で、富山湾の海の幸を間近に見学できる。8時開館の「海遊館」

で朝食、お土産を仕入れて帰路に着く。富山駅では駅弁「ますのすし」をゲットしつつ、帰りの乗り継ぎを楽しもう。糸魚川から南小谷までの大糸線・姫川の谷を上るルートの険しさは、「自然との闘い」の厳しさを感じさせてくれる。流され、架け替えられた鉄橋や、がけをえぐって連なる洞門の風景は、すさまじいの一語に尽きる。

1～2日目

新宿	発	2310	ムーンライトえちご
新潟	着	451	乗り換え
	発	459	越後線
白山	着	503	白山朝市
	発	559	越後線
出雲崎	着	727	良寛・妻入りの街並みめぐり
	発	911	越後線
柏崎	着	946	乗り換え
	発	957	信越本線
直江津	着	1038	乗り換え
	発	1042	北陸本線
滑川	着	1219	ほたるいかミュージアム
	発	1351	北陸本線
富山	着	1408	観光・白えび
	発	1707	北陸本線
高岡	着	1731	宿泊

3日目

高岡	発	605	氷見線・立山連峰の眺め
氷見	着	631	氷見漁港市場見学・海遊館
	発	917	氷見線
高岡	着	946	乗り換え
	発	1002	北陸本線
富山	着	1020	乗り換え・駅弁ますのすし
	発	1025	北陸本線
糸魚川	着	1136	乗り換え
	発	1318	大糸線
南小谷	着	1418	乗り換え
	発	1508	大糸線
松本	着	1701	乗り換え
	発	1721	中央本線
甲府	着	1911	乗り換え
	発	1929	中央本線
大月	着	2027	乗り換え
	発	2049	中央本線・中央特快
新宿	着	2217	

旅のポイント

①富山湾名産の白えびに、旬のホタルイカを味わう。
②ブリで知られる氷見漁港で魚市場を見学。
③ムーンライトえちご＋乗り継ぎの妙を楽しむ。

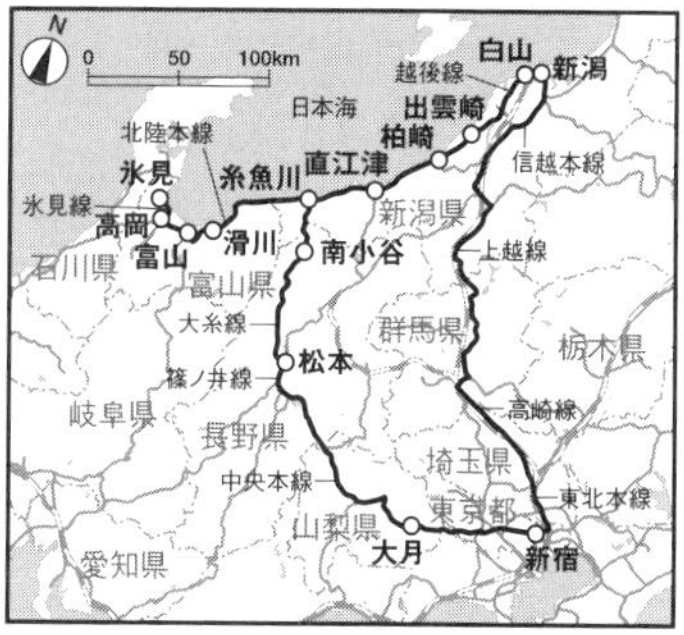

29 上野

常夏の楽園から始める、春を待つ雪国の名湯めぐり

湯本、飯坂、鳴子、温海、瀬波、湯沢

春

上級

青春18きっぷファンの中でも人気が高い温泉の旅。四季のある日本だから、春には春の温泉旅があるということで、今回は「雪国の名湯に春の訪れを訪ねる旅」を提案したい…と言っておきながら、スタートは常夏の楽園・スパリゾートハワイアンズである。映画『フラガール』のヒットで脚光を浴びたが、いわき湯本温泉は元々1000年を超す歴史をもつ名湯である。炭鉱閉山からの復興に立ち上がり、今またいわき湯本温泉の知名度アップに貢献するフラガールたちのダンスに元気をもらって名湯めぐりの旅をスタートさせる。帰りの送迎バスの関係で土・日・祝日スタートとしたが、平日の場合は湯本駅までタクシー利用となる。

1日目の宿泊は、飯坂温泉。翌朝も含めて共同浴場めぐりを楽しみたい。2日目は白石うーめん、仙台牛タンでお腹も楽しませながら、鳴子温泉へ向かう。陸羽東線の車窓には残雪たっぷりの雪国の春模様。早めに着いた鳴子温泉ではこけし店をのぞきながらの温泉街散歩も楽しい。

3日目、陸羽西線が日本海へと運ぶ。毎年3月1日～4月3日に「湯のまち人形めぐり」を開催するあつみ温泉では、あちこちに飾られた雛人形を楽しみながら温泉街散歩。瀬波温泉へ向かう羽越本線の車窓には美しい日本海の夕日がある。4日目、越後湯沢の温泉街にはシーズン最後の雪を求めてやってきたスキーヤーやボーダーの姿がある。雪国の春ももうそこまで…この時期だからこそ訪ねたい「春を待つ名湯の旅」である。

1日目　※土・日・祝日

上野	発	651	常磐線
水戸	着	845	乗り換え
水戸	発	903	常磐線
湯本	着	1037	乗り換え
湯本駅前	発	1040	無料送迎バス
スパリゾートハワイアンズ	着	1050	※入場料3000円
スパリゾートハワイアンズ	発	1435	(※土・日・祝日のみ)
			無料送迎バス
湯本駅前	着	1450	乗り換え
湯本	発	1453	常磐線
いわき	着	1503	乗り換え
いわき	発	1541	磐越東線
郡山	着	1717	乗り換え
郡山	発	1745	東北本線
福島	着	1832	乗り換え
福島	発	1840	福島交通(360円)
飯坂温泉	着	1904	※共同浴場めぐり・宿泊

2日目

飯坂温泉	発	930	福島交通
福島	着	954	乗り換え
福島	発	1000	東北本線
白石	着	1034	乗り換え※うーめん
白石	発	1133	東北本線快速仙台シティラビット3号
仙台	着	1216	乗り換え※牛タン
仙台	発	1341	東北本線
小牛田	着	1425	乗り換え
小牛田	発	1436	陸羽東線
鳴子温泉	着	1556	※温泉街散策・宿泊

3日目

鳴子温泉	発	1009	陸羽東線
新庄	着	1111	乗り換え
新庄	発	1308	陸羽西線
余目	着	1354	乗り換え
余目	発	1358	羽越本線
あつみ温泉	着	1445	※湯のまち人形めぐり
			(タクシー5分)
あつみ温泉	発	1659	羽越本線
村上	着	1820	乗り換え
村上駅前	発	1834	新潟交通観光バス
			(180円)
瀬波温泉	着	1841	宿泊

4日目

瀬波温泉	発	801	新潟交通観光バス
村上駅前	着	807	乗り換え
村上	発	848	羽越本線・白新線
新潟	着	1002	乗り換え
新潟	発	1105	信越本線
長岡	着	1223	乗り換え
長岡	発	1233	信越本線・上越線
越後湯沢	着	1351	※湯沢温泉散策
越後湯沢	発	1755	上越線
水上	着	1833	乗り換え
水上	発	1836	上越線
高崎	着	1939	乗り換え
高崎	発	2000	高崎線・東北本線
上野	着	2149	

旅のポイント

①映画『フラガール』の舞台・スパリゾートハワイアンズで常夏体験。
②東北・越後の名湯をめぐる。
③車窓から、温泉街から、「雪国の春」を実感する。

30 東京

始発で出発、一気に九州、帰りに楽しむ途中下車の旅

小倉、下関、倉敷、大阪、京都、名古屋

春

上級

青春18きっぷを使って一日でどこまで行けるか、大いに気になるところだ。実は、東京駅からは小倉まで（実際には南福岡まで）行けてしまう。ならば一度は実践してみたい…ということで「一気に九州上陸作戦」の登場である。

作戦を成功させるためには、1日目の小倉での宿を確保しておくことが必須条件である。何しろ、小倉到着は深夜23時25分。駅に近いホテルに「深夜着」の旨を伝えた上で予約を入れておくこと。後は体力・気力に好奇心である。東京駅発は、朝の4時50分。品川からの東海道本線で座席を確保したら、まずは少しでも寝ておきたい。この日の乗り換えは計14回、しかも乗り換え時間は最長で20分。当然ながら、食事は駅弁が頼りとなる。比較的乗り換え時間に余裕がある大垣・姫路・広島駅では駅弁の購入も大事な仕事となる。小倉駅からは宿に直行し、18時間超の長旅の疲れを癒すことに専念したい。

さて、九州上陸を果たしてしまえば、気ままな途中下車の旅が始まる。今回は関門トンネル人道での海峡横断を旅のアクセントとした。トンネルは約８００ｍ、15分ほどの距離である。下関のフグを堪能したら、東へ東へ４日をかけての旅。このプランはあくまで参考程度に留めて結構。青春18きっぷだけで２０００㎞を超えるこの旅、どの街に下りて何を楽しむか、自分だけのオリジナル旅に仕上げてみよう。

1日目

東京	発	450	山手線
品川	着	500	乗り換え
	発	510	東海道本線
小田原	着	621	乗り換え
	発	622	東海道本線
熱海	着	645	乗り換え
	発	649	東海道本線
浜松	着	920	乗り換え
	発	928	東海道本線
豊橋	着	1003	乗り換え
	発	1007	東海道本線快速
大垣	着	1130	乗り換え
	発	1142	東海道本線
米原	着	1218	乗り換え
	発	1222	東海道本線・山陽本線新快速
姫路	着	1446	乗り換え
	発	1506	山陽本線新快速
相生	着	1524	乗り換え
	発	1525	山陽本線
糸崎	着	1759	乗り換え
	発	1800	山陽本線
広島	着	1922	乗り換え
	発	1930	山陽本線快速通勤ライナー
新山口	着	2204	乗り換え
	発	2205	山陽本線
下関	着	2312	乗り換え
	発	2313	山陽本線・鹿児島本線
小倉	着	2325	宿泊

2日目

小倉	発	854	鹿児島本線
門司港	着	906	※門司港レトロ散策
門司港		1129	西鉄バス（220円）
関門トンネル		1142	※関門トンネル横断
人道口			※みもすそ川公園散策
御裳川		1229	サンデン交通バス230円
下関		1241	※フグ昼食
下関	発	1432	山陽本線
広島	着	1825	宿泊

3日目

広島	発	822	山陽本線快速シティライナー
倉敷	着	1041	※倉敷観光
倉敷	発	1250	山陽本線
岡山	着	1307	乗り換え
	発	1312	山陽本線
相生	着	1421	乗り換え
相生	発	1422	山陽本線新快速
神戸	着	1518	※神戸観光
神戸	発	1748	東海道本線新快速
大阪	着	1813	宿泊

4日目

			※大阪観光
大阪	発	1230	東海道本線新快速
京都	着	1259	※京都観光
京都	発	1630	東海道本線新快速
米原	着	1723	乗り換え
米原	発	1744	東海道本線
大垣	着	1818	乗り換え
大垣	発	1825	東海道本線新快速
名古屋	着	1856	宿泊

5日目

			※名古屋観光
名古屋	発	1213	東海道本線新快速
豊橋	着	1300	乗り換え
豊橋	発	1306	東海道本線
浜松	発	1339	乗り換え
浜松	発	1350	遠州鉄道バス（500円）
フラワーパーク	着	1424	※フラワーパーク見学
フラワーパーク	発	1510	遠州鉄道バス
浜松	着	1549	乗り換え
浜松	発	1612	東海道本線
熱海	着	1841	乗り換え
熱海	発	1859	東海道本線
東京	着	2053	

旅のポイント

①行きは東京から一日で一気に九州上陸を実践。
②関門海峡を人道トンネルで歩いて横断。

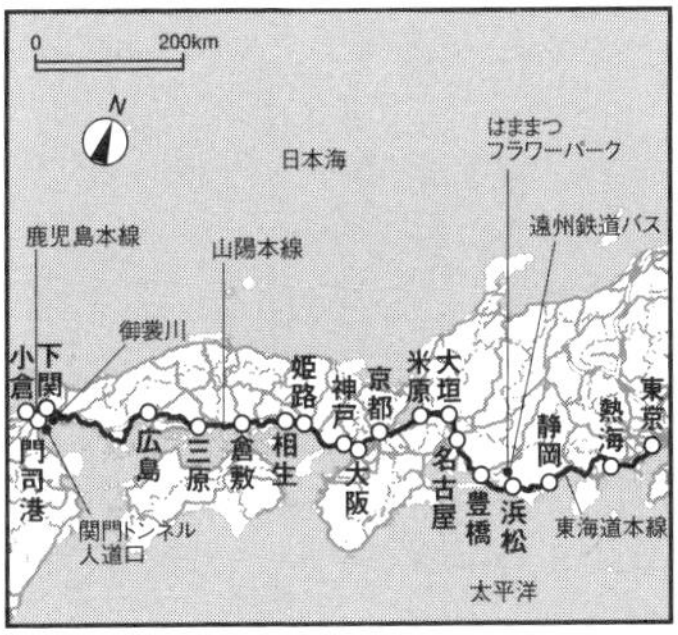

名古屋発

飯田線

東海地方の中心、名古屋は今も昔も交通の要衝だ。東海道本線、中央本線、関西本線の幹線が交わり、高山地方、北陸地方、紀伊地方へもアクセスは便利。路線へは名鉄、近鉄の大手私鉄も入り込み、自由自在に旅のプランを練ることができる。まさに『青春18きっぷ』旅行者にとっては、好都合な土地なのだ。

元気と好奇心、それに18きっぷがあれば、なんと名古屋から函館を目指す旅も可能だ。「ムーンライトながら」で上京し、東北本線、奥羽本線などを乗り継ぐという長大旅行。金銭的、時間的に余裕が無い、しかし元気はあるぞ、という方には是非とも挑戦していただきたい。

高山本線では北陸へ出ることもできる。アルプスを眺めながら飛騨山脈を越えると、そこは雪国。風土も人間も一味違った北の魅力を感じながら、日本海沿いを北陸本線に乗ってゆるりと帰ってくるのも一興だ。

名古屋からは乗車時間の長い飯田線や、紀勢本線の鈍行列車の旅も楽しめる。天竜川の川下りや、伊勢参りにも気軽に出かけられる。さらに足を延ばせば北は長野、南は那智勝浦へ。いつもとは違った土地で、初めての味覚や有名な温泉を堪能してみてはどうだろうか。

31 名古屋

一路北海道を目指して、函館タッチダウン旅

函館、秋田、新潟

夏 上級

名古屋から青春18きっぷだけで北海道上陸の旅を…「言うは易く行なうは難し」の典型である。それを意地で練り上げたのがこのプラン。元気な若者よ、ぜひトライして感想を聞かせてほしい。

上陸先は、北海道の南の玄関・函館。せっかくの上陸である。夜景だって朝市だって楽しみたい。勝負は1日目。できるだけ函館に接近すること。出発はもちろん、ムーンライトながら（全席指定）。深夜12時を過ぎて最初の駅・大府までは普通乗車券（３２０円）を購入し、18きっぷ1日分を節約。早朝の東京駅から上野へ移動したら、東北本線でひたすら北上。仙台で牛タンの昼食で一息。盛岡からはＩＧＲいわて銀河鉄道を利用して好摩《こうま》、さらに頑張って、花輪線で大館へ。移動距離約１０００㎞という長い長い1日の終わりである。

この頑張りで、2日目は午後2時前に函館上陸。名所めぐりも夜景もたっぷり楽しんでみたい。もちろん翌朝には朝市だって。

3日目は、リゾートしらかみ（全席指定）で五能線の絶景と夕日を楽しむ旅へ。津軽海峡を渡る際は、蟹田〜木古内間のみ特急が利用可能なので、これもお忘れなく。

4日目、朝の秋田市民市場の後は、海の幸と夕日を楽しみながら、南下。4泊5日の青春18きっぷで２３００㎞超という旅の完了である。ムーンライトながらをはずし、5日目に新潟から東京へ向かえば、東京発の旅にも応用可能である。こちらもチャレンジを。

1日目

名古屋	発 2355	ムーンライトながら（※名古屋→大府320円）
東京	着 505	乗り換え（東京→上野　山手線・京浜東北線7分）
上野	発 547	宇都宮線（東北本線）
宇都宮	着 728	乗り換え
	発 737	宇都宮線（東北本線）
黒磯	着 828	乗り換え
	発 837	東北本線
郡山	着 956	乗り換え
	発 1008	東北本線
福島	着 1054	乗り換え
	発 1100	東北本線仙台シティラビット3号
仙台	着 1216	昼食（牛タン）
	発 1341	東北本線
一ノ関	着 1522	乗り換え
	発 1527	東北本線
盛岡	着 1656	乗り換え
	発 1704	IGRいわて銀河鉄道（630円）
好摩	着 1727	乗り換え
	発 1813	花輪線
大館	着 2045	宿泊

2日目

大館	発 746	奥羽本線
弘前	着 829	弘前観光
	発 1002	奥羽本線
青森	着 1051	乗り換え
	発 1057	津軽線
蟹田	着 1135	乗り換え
	発 1143	津軽海峡線特急スーパー白鳥1号
木古内	着 1230	乗り換え
	発 1234	江差線
函館	着 1346	函館観光・夜景・宿泊

3日目

函館	発 1012	江差線
木古内	着 1115	乗り換え
	発 1208	津軽海峡線特急白鳥20号
蟹田	着 1305	乗り換え
	発 1347	津軽線
青森	着 1426	乗り換え
	発 1525	奥羽本線
川部	着 1601	乗り換え
	発 1623	五能線リゾートしらかみ6号（夕日）
秋田	着 2043	宿泊

4日目

秋田		市民市場見学
秋田	発 950	羽越本線
酒田	着 1148	昼食（寿司屋横丁）
	発 1304	羽越本線
村上	着 1519	イヨボヤ会館
	発 1730	羽越本線･白新線（夕日）
新潟	着 1850	

5日目

新潟	発 841	信越本線
長岡	着 958	乗り換え
	発 1022	信越本線
直江津	着 1149	乗り換え
	発 1154	信越本線
長野	着 1329	乗り換え
	発 1404	信越本線・篠ノ井線
松本	着 1522	松本観光
	発 1822	篠ノ井線・中央本線
中津川	着 2045	乗り換え
	発 2101	中央本線
名古屋	着 2219	

旅のポイント

①名古屋から函館上陸、夜景も朝市も。
②リゾートしらかみで五能線探訪。
③帰りは日本海の夕日をたっぷりと。

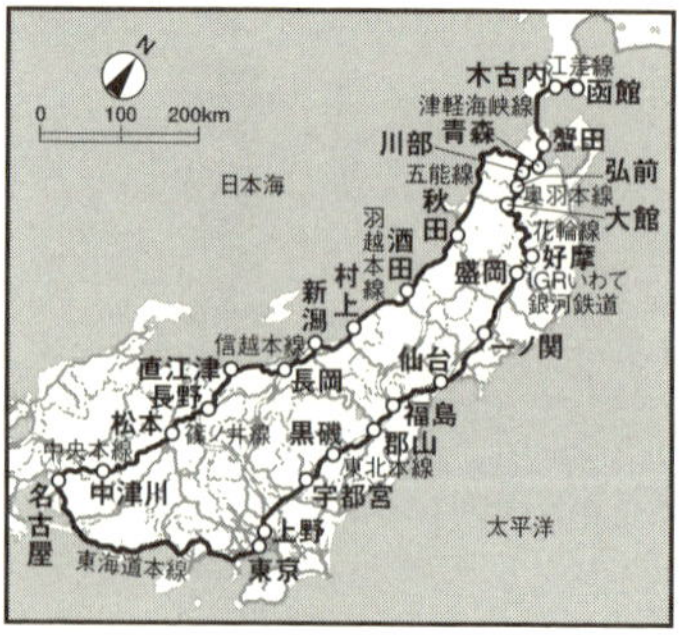

32 名古屋

飯田線全乗で、車窓と伊那の自然満喫

天竜川、千畳敷

夏　中級

名古屋を出発し、商売繁盛の神様として知られる豊川稲荷を参詣するために、豊川で下車。境内へ向かうには、正面の駅前通りと右手奥の門前通りの二筋がある。それぞれに名物のいなり寿司を売る店などが立ち並んでいるので、行き返りでコースを違えてもいい。

再び飯田線に乗り、上流を目指す。このあたりは天竜川ではなく、豊川水系の宇連川に沿う。途中、湯谷温泉近く、平板な一枚岩でできた川底の渓谷は板敷川と呼ばれ、一見の価値あり。線路は愛知県から静岡県をかすめ、長野県へ。１日目のクライマックス、天竜ライン下りに乗るため、天竜峡で降りよう。

駅から徒歩2分ほどの天竜峡温泉港からスタートし、約10㎞天竜川を下り、唐笠港まで。両岸には「天竜十勝」と呼ばれる10の奇岩が次々に偉容を見せる。ガイドさんの案内や船頭さんが投げる投網で獲れた川魚を、その場で食べることもできる。

宿泊地は、南信の中心都市・飯田。１９４７（昭和22）年の大火で焼け野原となった町並みをよみがえらせようと、当時の市民が植えたりんごの並木道が伸びている。再び大火を起こすまいと、防火帯としての役割も果たしている。

２日目は駒ヶ根からバスに乗り、しらび平でロープウェイに乗り継ぎ、夏には高山植物の花畑が出現する千畳敷カールへ。標高２６００ｍを巡る１周約40分の遊歩道をウォーキングしてみよう。その後は、伊那、辰野を巡り中央本線で名古屋へと帰ってくる。伊那市には「ローメン」と呼ばれる、全国でここにしかない不思議な麺がある。その味わいは「行って頼んで食べてみて」もらうしかない。カギはマトン肉とニンニクだという。辰野はホタルの里として知られる静かな町。名古屋までの長い帰路のために、飲み物なども仕入れておこう。

1日目

名古屋	発	815	東海道本線新快速
豊橋	着	910	
	発	934	飯田線
豊川	着	948	観光（豊川稲荷など）
	発	1055	飯田線
天竜峡	着	1406	
	発	1520	観光（天竜ライン下り）
唐笠	着	1610	
	発	1654	飯田線
天竜峡	着	1702	
	発	1721	飯田線
飯田	着	1746	

2日目

飯田	発	814	飯田線
駒ヶ根	着	935	
	発	1000	伊那バス
しらび平	着	1051	
	発	1100	駒ケ岳ロープウェイ
千畳敷	着	1108	観光（千畳敷カール）
	発	1320	駒ケ岳ロープウェイ
しらび平	着	1328	
	発	1340	伊那バス
駒ヶ根	着	1424	
	発	1448	飯田線
伊那市	着	1508	観光（春日公園など）
	発	1646	飯田線
辰野	着	1718	観光
	発	1825	中央本線
塩尻	着	1846	
	発	1850	中央本線
中津川	着	2045	
	発	2101	中央本線
名古屋	着	2219	

旅のポイント

①車窓が美しい飯田線を豊橋～辰野まで全乗。
②ライン下りで天竜川を体感。
③千畳敷カールで圧巻の景観に出会う。

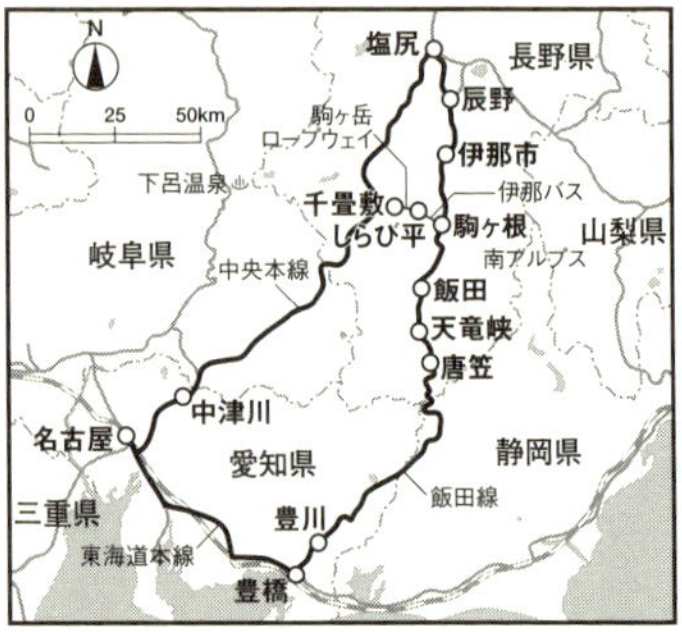

33 名古屋

一乗谷、九頭竜湖

夏

初級

城跡、城下町、ダム湖、越美北線を訪ねる

福井乗り換えで乗り込んだ越美北線、１日目は一乗谷駅で下車。５代１００年にわたってこの地を治めた朝倉氏が居城を構えた一乗谷には、広大な敷地に朝倉館跡や武家屋敷跡が静寂の中に残っている。この先、一乗谷～美山間が07年に復旧された区間。宿泊は、越前大野。こちらは朝倉氏を滅ぼした織田信長の命を受け、金森長近が興した城下町。七間通りの朝市も４００年の歴史を誇る。２日目は終点の九頭竜湖まで足を延ばし、湖畔ハイキングを楽しみたい。農産物中心の大野の朝市で、ハイキングでの昼食も手に入れられればベスト。

1日目

名古屋	発	723	東海道本線
米原	着	847	乗り換え
	発	902	北陸本線新快速
近江塩津	着	934	乗り換え
	発	937	北陸本線新快速
敦賀	着	950	乗り換え
	発	954	北陸本線
福井	着	1049	福井観光・昼食
	発	1249	越美北線
一乗谷	着	1306	一乗谷探訪
	発	1508	越美北線
越前大野	着	1546	大野観光・宿泊

2日目

越前大野			朝市見学
越前大野	発	1014	越美北線
九頭竜湖	着	1046	湖畔ハイキング
	発	1433	越美北線
福井	着	1558	乗り換え
	発	1628	北陸本線
敦賀	着	1735	乗り換え
	発	1749	北陸本線新快速
米原	着	1842	乗り換え
	発	1908	東海道本線
名古屋	着	2011	

旅のポイント

①一乗谷遺跡に朝倉氏の夢の跡を訪ねる。
②城下町・越前大野では400年の伝統を誇る朝市見物。
③終点・九頭竜湖ではダム湖周辺のハイキングを。

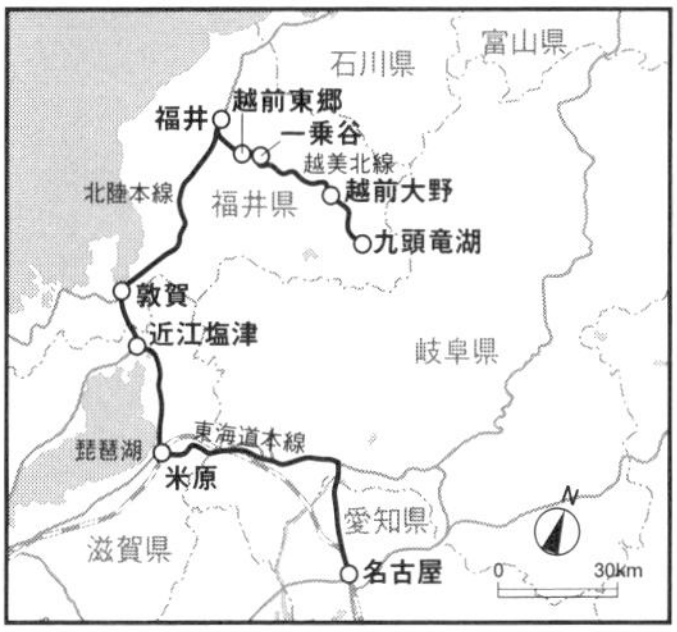

34 名古屋

天城越えハイクとのんびり湯けむり旅

伊豆半島

冬

初級

1日目は、三島から中伊豆へ。三島では富士山からの伏流水が湧く柿田川湧水を眺めたら、名物のうなぎ。三島から修善寺へは伊豆箱根鉄道で35分ほど。2日目は、天城峠を越えてのハイキング。修善寺駅前から峠手前の水生地下までは東海バスを利用。旧道ハイクは天城隧道越えだけなら1時間ほど。そのまま河津七滝まで下るか、再びバスで水垂または河津七滝まで下り、七滝めぐりを楽しむかは体力次第。乗車券は終点の河津駅までを購入すれば、乗り降り自由。稲取温泉で疲れを癒したら、3日目は伊東・熱海で観光ののち名古屋へ。

1日目

名古屋	発	700	東海道本線新快速
豊橋	着	754	乗り換え
	発	807	東海道本線
浜松	着	842	乗り換え
	発	844	東海道本線
三島	着	1053	昼食・観光
	発	1405	伊豆箱根鉄道
修善寺	着	1442	修善寺観光・宿泊

2日目

修善寺	発	950	東海バス
水生地下	着	1032	天城隧道ハイク・昼食（＝七滝周辺）
河津七滝	発	1433	東海バス
河津駅	着	1457	乗り換え
河津	発	1548	伊豆急行（210円）
伊豆稲取	着	1557	観光・宿泊

3日目

伊豆稲取	発	954	伊豆急行（1150円）
伊東	着	1043	観光
	発	1146	伊東線
熱海	着	1212	観光
	発	1437	東海道本線
浜松	着	1714	乗り換え
	発	1730	東海道本線
豊橋	着	1806	乗り換え
	発	1820	東海道本線特快
名古屋	着	1908	

旅のポイント

①修善寺温泉に宿泊、のんびり中伊豆観光。
②天城隧道で天城越えをする「踊り子ハイキング」。
③稲取温泉に宿泊、のんびり東伊豆観光。

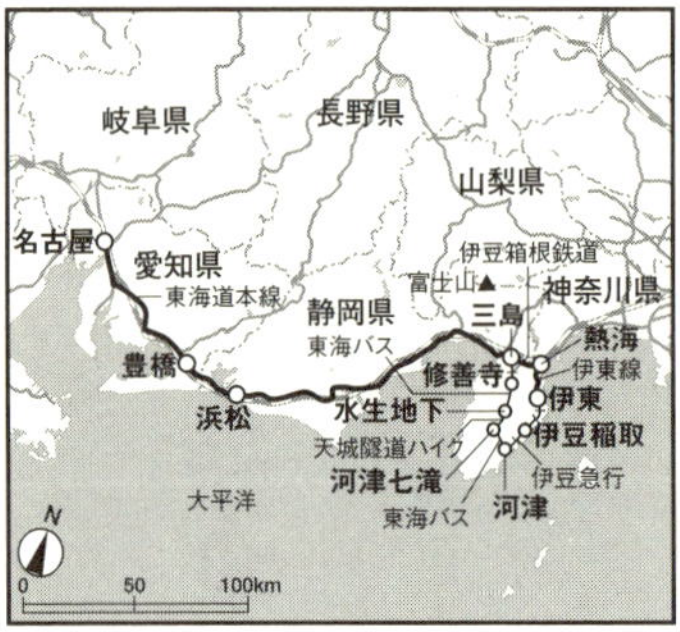

35 名古屋

伊勢、鳥羽、渥美半島

冬 中級

伊勢神宮初詣と伊良湖岬の潮風の旅

一度は訪ねたい伊勢神宮への初詣。一年のスタートを切るとともに、鳥羽・伊良湖への日帰り旅に仕立て上げようという欲張りプランである。「お伊勢参り」のルールにのっとり、まずは外宮、その後内宮へ参拝。外宮と内宮は5キロほど離れているのでバス利用となる。本来は一日を費やしてもいいほど広く、見どころ満載の場所だが、日帰りの旅ゆえに多少あわただしい参拝となる。初詣が済んだら、鳥羽へ。滞在する2時間は、水族館・真珠島・イルカ島のいずれかを選ぼう。伊勢湾フェリーは夕暮れ時、天気に恵まれれば美しい夕焼けが楽しめる。

1日目

名古屋	発	617	関西本線
亀山	着	732	乗り換え
	発	738	紀勢本線・参宮線
伊勢市	着	921	伊勢神宮（外宮）参拝
外宮前	発	1050	三重交通バス（410円）
内宮前	着	1100	伊勢神宮（内宮）参拝
	発	1300	三重交通バス（410円）
伊勢市駅	着	1318	乗り換え※昼食
伊勢市	発	1405	参宮線
鳥羽	着	1424	鳥羽観光 ※水族館or真珠島orイルカ島
鳥羽（港）	発	1630	伊勢湾フェリー（1500円）
伊良湖	着	1725	乗り換え
伊良湖岬	発	1748	豊鉄バス（1040円）
田原駅前	着	1839	乗り換え
三河田原	発	1849	豊橋鉄道（510円）
新豊橋	着	1924	乗り換え
豊橋	発	1936	東海道本線新快速
名古屋	着	2028	

旅のポイント

①伊勢神宮の内宮・外宮を完全制覇。
②鳥羽での楽しみ方に3つの選択肢あり。
③フェリーで夕暮れの伊勢湾をひとまたぎ。

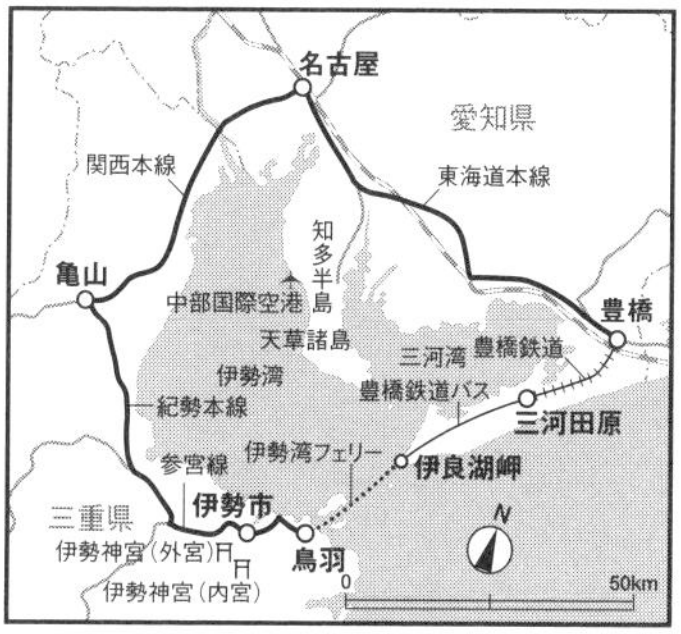

36

名古屋 → 富山、金沢、敦賀

冬　初級

高山本線で行く北陸グルメの旅

名古屋出発は6時と早め。高山駅に着けばそこは雪国である。滞在時間は1時間半。雪国情緒もそこそこに飛騨牛と朴葉みそからグルメ旅のスタート。午後3時前に富山に到着すれば寒ブリ・甘エビ・越前ガニと冬の日本海の味覚が雪崩打って、グルメ旅を盛り上げる。金沢では、海の幸ばかりでなくじぶ煮に代表される伝統の加賀料理も楽しみたい。2日目は敦賀で本場の越前ガニを。自宅への宅配みやげにするのもいいだろう。北陸本線に乗り、途中長浜では、走り抜けてきた雪国風情を思い出しながら、焼鯛そうめんを。

1日目

名古屋	発	613	東海道本線
岐阜	着	638	乗り換え
	発	654	高山本線
高山	着	951	高山観光 ※飛騨牛・朴葉みそ
	発	1230	高山本線
猪谷	着	1333	乗り換え
	発	1343	高山本線
富山	着	1433	※寒ブリ・ますのすし
	発	1557	北陸本線
金沢	着	1711	宿泊 ※じぶ煮・甘エビ・かぶらずし

2日目

金沢	発	838	北陸本線
福井	着	1023	乗り換え
	発	1108	北陸本線
敦賀	着	1201	昼食※越前ガニ
	発	1423	北陸本線
近江塩津	着	1439	乗り換え
	発	1505	北陸本線新快速
長浜	着	1528	※焼鯛そうめん
	発	1706	北陸本線新快速
米原	着	1715	乗り換え
	発	1744	東海道本線
大垣	着	1818	乗り換え
	発	1825	東海道本線新快速
名古屋	着	1856	

旅のポイント

①高山での飛騨牛・朴葉みそでグルメ始め。
②富山・金沢・敦賀で冬の海の幸満喫。
③長浜の焼鯛そうめんで締めくくり。

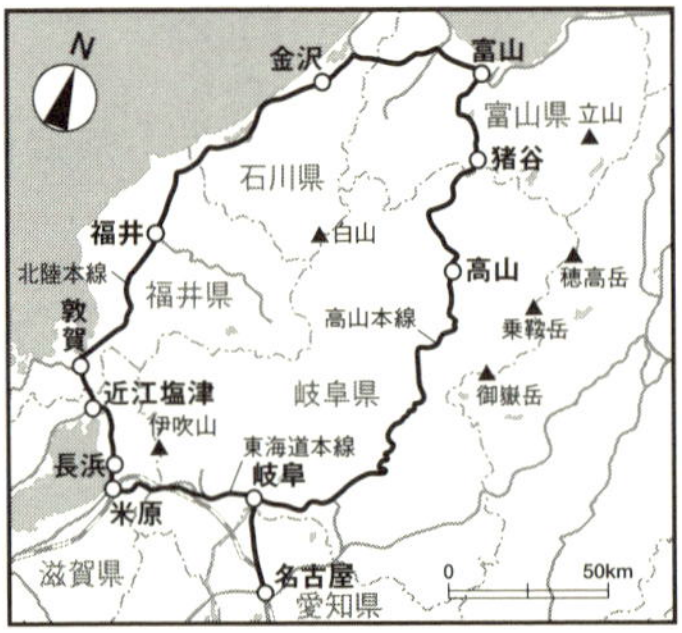

37 名古屋

西日本の郷土ラーメン味くらべの旅

和歌山、徳島、尾道、京都

冬　中級

ラーメンの奥の深さは限りない。各地で声をあげるおらが町自慢の郷土ラーメン。その真髄に触れるには、食べてみるしかない。冬は味比べ旅には格好、身も心も温まるラーメン党の季節だ。

1日目は和歌山ラーメン。カギは「とんこつ醤油」スープ。市内には50軒ほどのラーメン店があり、とんこつと醤油、どちらの味が勝るかで、2派の流れがあるという。和歌山の後は、フェリーで対岸の徳島ラーメンという大胆さも、ラーメン党には必要である。ここもベースは「とんこつ醤油」。具の豚バラチャーシューと生卵が特徴とされる。せっかくなので、地鶏・阿波尾鶏の焼き鳥も味わっておきたい。ただし、徳島の人たちはラーメンをおかずに、ごはんを食べるという。徳島流に付き合っては、おそらく腹がもたないだろう。

泊まりは高松。いわずと知れたさぬきうどんのメッカだが、地元で評価の高いラーメン店を訪ねるのもいい。一般にさぬきうどんの製麺所直営店は閉店が早い。あえて高松で、夜食に「さぬきラーメン」を狙ってみるのも、ラーメン旅の真骨頂かも知れない。

2日目、さぬきうどんを朝食に一息ついたら、昼食は尾道ラーメンが待っている。ここは「鶏ガラ醤油」に小魚のダシ、背脂がポイント。ただし、どの町でも、店によって多少のバリエーションは存在する。

瀬戸内海に面したこれら3種のスープの違いが分かればもう一人前のラーメン通。しかし、これで満足してはいけない。京都でも途中下車。京風ラーメンを味わう。あっさり系がイメージされるが、こってりスープで有名なチェーンの発祥は、この町だ。冬の京都で湯豆腐などには見向きもせずに、旅の最後をラーメンで締めくくる。それでこその、ラーメン道だ。

1日目

名古屋	発	640	東海道本線
大垣	着	720	乗り換え
	発	731	東海道本線
米原	着	806	乗り換え
	発	818	東海道本線新快速
大阪	着	942	乗り換え
	発	954	阪和線紀州路快速
和歌山	着	1116	※和歌山ラーメン
	発	1245	紀勢本線
和歌山市	着	1251	乗り換え
	発	1313	南海電鉄（150円）
和歌山港	着	1317	乗り換え
	発	1340	南海フェリー（2000円）
徳島港	着	1550	乗り換え
	発	1605	徳島市営バス（200円）
徳島駅前	着	1624	※徳島ラーメン
徳島	発	1835	高徳線
高松	着	2107	宿泊

2日目

高松			※さぬきうどん
高松	発	855	瀬戸大橋線マリンライナー16号
岡山	着	947	乗り換え
	発	957	山陽本線快速サンライナー
福山	着	1046	乗り換え
	発	1050	山陽本線
尾道	着	1109	※尾道ラーメン
	発	1245	山陽本線
岡山	着	1410	乗り換え
	発	1412	山陽本線
相生	着	1517	乗り換え
	発	1521	山陽本線・東海道本線新快速
京都	着	1714	※京都ラーメン
	発	1900	東海道本線新快速
米原	着	1953	乗り換え
	発	1956	東海道本線
大垣	着	2028	乗り換え
	発	2039	東海道本線新快速
名古屋	着	2110	

旅のポイント

①和歌山・徳島・尾道と瀬戸内の郷土ラーメン味くらべ。
②仕上げは、はんなりと京都ラーメンで。
③さぬきうどんのオマケつき。

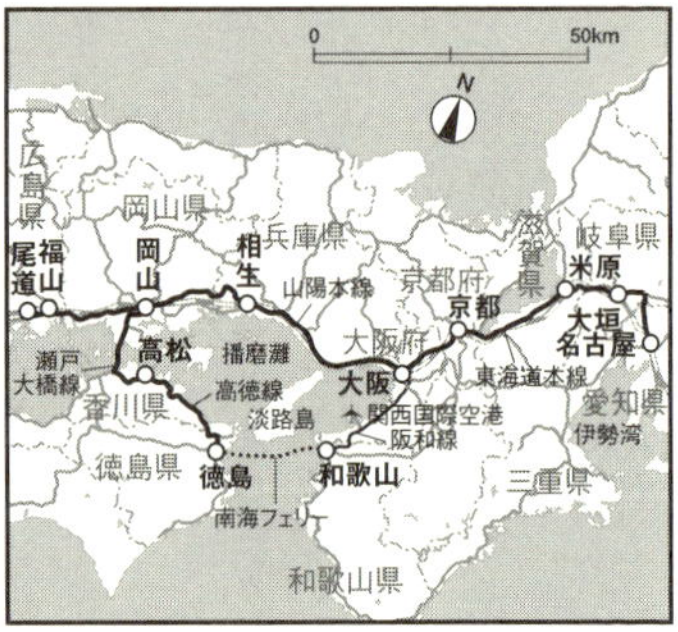

38 名古屋

いつもの旅を新鮮に+名松線の日帰り旅

松阪、伊勢、名松線

春

初級

伊勢鉄道経由の快速列車で一気に到着した松阪から乗り込む名松線は、杉の産地・美杉村まで全長43・5㎞。しばらくは早春の田畑を眺め、家城駅を過ぎると山間の趣を強くした風景の中を1両編成の列車でコトコト進む。菜の花や梅の花が風景にアクセントをつける。片道1時間と少しの沿線風景が、旨いものめぐりやお土産探しだけではない旅の楽しさを教えてくれる。松阪城裏手の武家屋敷の散策、日本人の旅の原点とも言われる「お伊勢参り」とその参拝客で賑わった「おかげ横丁」。いつもの旅が「歴史と風景」の新鮮な旅に変わるだろう。

1日目

名古屋	発	750	関西本線・紀勢本線 快速みえ51号（伊勢鉄道経由490円）
松阪	着	902	乗り換え
松阪	発	930	名松線※車窓風景
伊勢奥津	着	1042	乗り換え
伊勢奥津	発	1116	名松線
松阪	着	1232	※武家屋敷散策·松阪牛昼食
松阪	発	1419	紀勢本線・参宮線
伊勢市	着	1450	乗り換え
伊勢市	発	1503	三重交通バス（410円）
内宮前	着	1521	※伊勢神宮内宮・おかげ横丁
内宮前	発	1645	三重交通バス
伊勢市	着	1703	乗り換え
伊勢市	発	1710	参宮線・紀勢本線
亀山	着	1826	乗り換え
亀山	発	1907	関西本線
名古屋	着	2027	

※快速みえ51号は土曜・休日のみ運転

旅のポイント

①春を迎える名松線ののどかな里山風景を楽しむ。
②松阪牛の昼食と城下町散歩。
③伊勢神宮内宮参拝とおかげ横丁散歩。

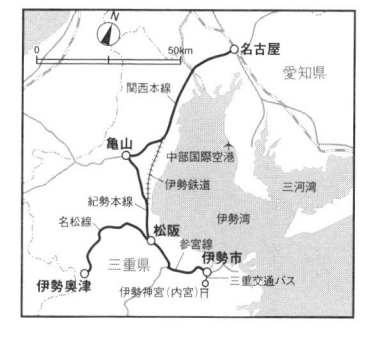

39 名古屋

琵琶湖

春 初級

春霞たなびく琵琶湖ぐるり周遊の旅

琵琶湖の東岸をめぐり、大津に至る1日目は歴史の旅。安土では織田信長を中心に、近江八幡では近江商人の故郷として町を散策してみたい。水郷や水田がのびやかに広がるその豊かさが、この地をめぐる武士たちの争いのもとでもあった。大津には、武家以前の時代から続く京都の表玄関としての歴史が残る。安土～大津間は列車の数も多いので、どの街に時間をかけるかも自由に調整できる。2日目は、琵琶湖大橋、琵琶湖観光船と、現代の観光ポイントとしての琵琶湖を楽しむ。竹生島経由の湖上横断で、春霞の中に遠い昔が浮かび上がる。

1日目

名古屋	発	723	東海道本線
米原	着	847	乗り換え
	発	900	東海道本線
安土	着	922	安土観光
	発	1153	東海道本線
近江八幡	着	1157	近江八幡観光・昼食
	発	1510	東海道本線新快速
大津	着	1534	大津観光・宿泊

2日目

大津	発	827	東海道本線
山科	着	831	乗り換え
	発	837	湖西線
堅田	着	901	琵琶湖大橋見学
	発	1006	湖西線
近江今津	着	1034	乗り換え
今津港	発	1050	琵琶湖汽船
竹生島	着	1115	竹生島見学
	発	1205	琵琶湖汽船（※琵琶湖横断航路3/9 ～、2750円）
長浜港	着	1235	乗り換え、長浜観光・昼食
長浜	発	1559	北陸本線新快速
米原	着	1608	乗り換え
	発	1630	東海道本線
大垣	着	1704	乗り換え
	発	1709	東海道本線新快速
名古屋	着	1740	

旅のポイント

①春の琵琶湖を1泊2日で周遊。
②竹生島に渡って、島内散策。
③竹生島を経由して、湖上を横断。

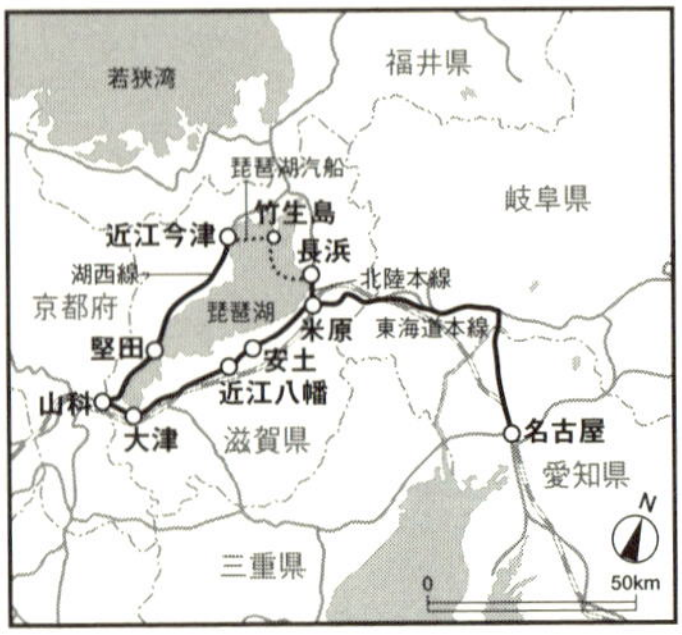

40 名古屋

大町、富山、高山

春 中級

残雪の大糸線から飛騨、北アルプス一周の旅

1日目は松本から大糸線で大町へ。進行方向左の車窓には、穂高岳・槍ヶ岳・烏帽子岳などが壁のように連なる風景が広がる。その麓・大町では博物館めぐりを。大町山岳博物館・塩の道博物館などをまわり、日帰り入浴もできるアルプス温泉博物館へ。2日目は大糸線で鹿島槍・白馬岳を眺めながら糸魚川へ。早めの昼食は紅ズワイガニやタラ汁がこの時期オススメ。富山では駅のすぐ前にある観光情報施設「いきいきKAN」をのぞいてみよう。お土産に「ます寿司」を仕入れて高山へ。3日目は余裕をもって高山観光を。見上げれば真っ白の乗鞍岳がある。

1日目

名古屋	発	615	中央本線
中津川	着	735	乗り換え
中津川	発	738	中央本線
松本	着	1032	※松本観光
松本	発	1408	大糸線
信濃大町	着	1500	※博物館めぐり・宿泊

2日目

信濃大町	発	815	大糸線
南小谷	着	912	乗り換え
南小谷	発	924	大糸線
糸魚川	着	1019	※海の幸昼食
糸魚川	発	1256	北陸本線
富山	着	1408	※富山観光（いきいきKANなど）
富山	発	1609	高山本線
猪谷	着	1711	乗り換え
猪谷	発	1716	高山本線
高山	着	1822	宿泊

3日目

	※高山観光		
高山	発	1620	高山本線
美濃太田	着	1852	乗り換え
美濃太田	発	1856	高山本線
岐阜	着	1932	乗り換え
岐阜	発	1937	東海道本線新快速
名古屋	着	1955	

旅のポイント

①残雪たっぷりの北アルプスを眺めながら大糸線走破。
②糸魚川・富山で日本海の幸を味わう。
③時間タップリ、飛騨高山で旅のしめくくり。

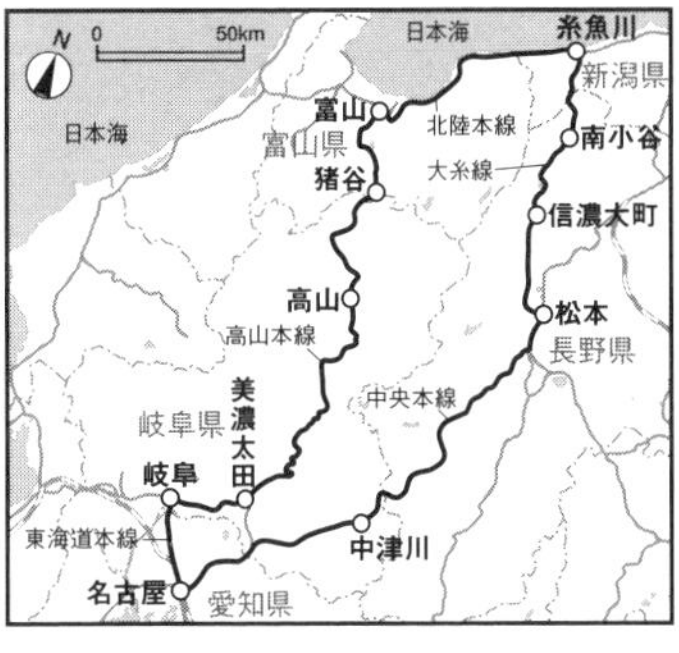

41 名古屋

フェリーで淡路島上陸、大潮のうずしお観潮

淡路島、徳島

春

上級

島の至るところに花が咲き、春気分を大いに盛り上げてくれる淡路島。春と秋の大潮が一番という「うずしお」も見ごろ。さらに四国に渡って、鳴門・徳島の観光までしてしまおうというかなり欲張りな旅。明石ではフェリー乗場に向かう途中、魚の棚商店街で名物の明石焼を手に入れて乗り込みたい。明石焼はたこ焼きの元祖とされ、溶き卵をふわふわに焼いたものを、ダシに付けて食べる。商店街を一巡りすれば、1時間弱の乗り継ぎ時間など、あっという間に過ぎてしまう。

1日目は淡路島北部を、2日目は南部を中心としたバス観光。事前に淡路交通のバス路線図を入手しておきたい。今年（2008年）は、明石海峡大橋が開通して10周年にあたり、関連のイベントが数多く催されている。また、フェリー降り場近くの岩屋には温泉も湧いていて、日帰り入浴ができる施設もある。洲本市内にも温泉ホテルがあるので、それを選んで泊まる手もある。

青春18きっぷ期間中の大潮は3月2～8日、17～23日、3月30日～4月7日。この期間の干・満潮時の前後2時間がもっともダイナミックなうずしおが見られる。観潮船運航会社のHPで潮見表を確認してベストの船に乗ろう。したがって、2日目の淡路南部観光、四国へ渡る高速バスへの乗車も、観潮船の時間に合わせて調整する必要がある。

徳島市内の観光ポイントではずせないのが、市街地にそびえる標高２９０ｍの眉山だ。２００７年に松嶋奈々子の主演によって、さだまさしの小説『眉山』が映画化されたことで、全国的に名を知られるようになった。ロープウェイで６分ほどの山頂からは、市街地と吉野川、紀伊水道の眺めがすばらしい。

1日目

名古屋	発	723	東海道本線
米原	着	847	乗り換え
	発	850	東海道本線・山陽本線新快速
明石	着	1052	魚の棚商店街
明石港	発	1140	明石淡路フェリー（320円）
岩屋港	着	1200	淡路島北部観光
洲本			宿泊

2日目

洲本			淡路島南部観光
福良港	発		※うずしおクルーズ（航行約1時間、2000円）
	着		（定期便9:30～16:10間に6便）
福良（うずしおドーム前）	発		※西日本JRバス「鳴門・淡路エクスプレス」（600円）
鳴門公園口	着		徳島バスで鳴門駅（300円）へ
鳴門	発	1720	鳴門線・高徳線（350円）
徳島	着	1758	宿泊

3日目

徳島			市内観光
徳島港	発	1100	南海フェリー（2000円）
和歌山港	着	1300	乗り換え
和歌山港	発	1323	南海電鉄和歌山港線（150円）
和歌山市	着	1328	乗り換え
	発	1402	紀勢本線
和歌山	着	1408	乗り換え
	発	1450	和歌山線
王寺	着	1722	乗り換え
	発	1737	関西本線
加茂	着	1813	乗り換え
	発	1822	関西本線
亀山	着	1952	乗り換え
	発	1957	関西本線
名古屋	着	2116	

旅のポイント

①フェリーで春の花咲く淡路島上陸。
②干満差の大きな大潮にうずしお観潮。
③高速バスで大鳴門橋を渡り四国まで。

大阪発

平等院（京都府）

大阪は東京に肩を並べる鉄道王国。さらに近くに京都・奈良といった古都をひかえ、北陸、中国、そして四国へも幹線が延びていることから、18きっぷの旅でもバラエティーに富んだ計画を立てることができる。もちろん東海道線や山陽本線、北陸本線を使っての長大旅行に挑戦するのも楽しみだ。

大阪から延びる鉄道路線は、有名な日本の世界遺産へのアクセスに便利だ。古都京都・奈良と法隆寺へはもちろん、紀勢本線では紀伊熊野の霊場へ、高山本線を使えば飛騨の白川郷へ、山陰本線では近年世界遺産に登録されたばかりの石見銀山を訪れることもできる。

山陰地方へは福知山線や山陰本線を使って有馬・城之崎温泉をめぐる旅へ。さらには丹後の天橋立や出雲、萩にまで足を延ばすこともできる。タンゴ鉄道や一畑電鉄といったローカル線の乗車が楽しめるのも魅力。

「ムーンライト高知」「ムーンライト九州」「ムーンライトながら」、それに北陸本線の特別列車を使えば、行き先はどこまでも広がる。四国周遊、中国地方一周、東京観光、さらには北海道を目指すことも……。時刻表と相談してみる甲斐がありそうだ。

42
大阪

日帰りで関西の名湯巡り

有馬、城崎

夏

初級

全国でも屈指の歴史のある名温泉地を巡る旅。最初は日本最古の温泉と言われる有馬温泉。JR三ノ宮駅から神戸市営地下鉄、神戸電鉄と乗り継いでいく。日帰り入浴ができる外湯は「金の湯」と「銀の湯」がある。「金の湯」では、有馬の名物湯、金泉の湯が楽しめる。8時から営業しているのもうれしいところだ。一方「銀の湯」は無色透明な湯。こちらは9時からの営業なので、「金の湯」の後に行ってみよう。続いての城崎温泉も由緒ある名湯だ。城崎の湯を気軽に楽しめるのが、7つある外湯巡り。すべて徒歩圏内なので、時間の許す限り巡ってみたい。

1日目

大阪	発	723	東海道本線
三宮	着	752	
	発	802	神戸市営地下鉄
谷上	着	813	
	発	816	神戸電鉄準急
有馬温泉	着	840	観光（金の湯、銀の湯など）
	発	1024	神戸電鉄
有馬口	着	1028	
	発	1033	神戸電鉄
三田	着	1055	
	発	1102	福知山線
篠山口	着	1129	
	発	1132	福知山線
福知山	着	1226	
	発	1306	山陰本線
城崎温泉	着	1436	観光（外湯巡りなど）
	発	1821	山陰本線
豊岡	着	1834	
	発	1837	山陰本線
福知山	着	1948	
	発	2022	福知山線
篠山口	着	2118	
	発	2121	福知山線快速
大阪	着	2226	

旅のポイント

①日帰りで有馬温泉と城崎温泉に浸かる。
②有馬温泉に2時間滞在。
③城崎温泉に3時間半滞在。

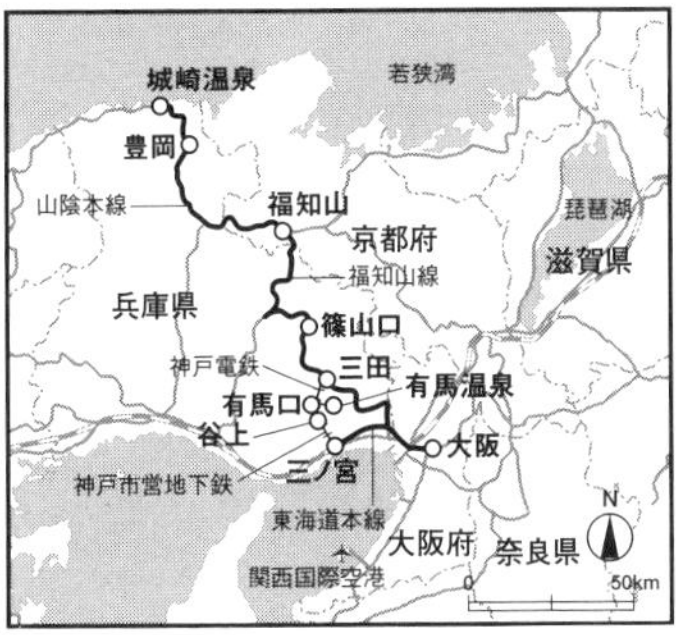

43

大阪

日本最後の清流と山内一豊の名城へ

高知、四万十川

夏

中級

「ムーンライト高知」を利用すれば、23時に京都を発って翌朝7時には高知に到着できる。
高知に着いたら、土讃線、土佐くろしお鉄道を乗り継ぎ、日本最後の清流と言われる四万十川へ向かう。四万十川では遊覧船に乗ったり、四万十川のシンボルとも言える沈下橋を見たりして過ごしたい。高知に戻り1泊。翌日は昼過ぎまで市内を観光し、山内一豊が築城した高知城などを訪ねてみよう。帰途は高松からマリンライナーで瀬戸大橋を渡る。タイミングが合えば、夕陽に染まる瀬戸内海が見られるだろう。

1日目

京都	発	2324	ムーンライト高知
高知	着	713	
	発	932	土讃線
窪川	着	1147	
	発	1208	土佐くろしお鉄道
中村	着	1308	観光（遊覧船で四万十川を観光）
	発	1659	土佐くろしお鉄道
窪川	着	1802	
	発	1843	土讃線
高知	着	2046	

2日目

高知			観光（高知城など）
	発	1344	土讃線
阿波池田	着	1631	
	発	1635	土讃線
多度津	着	1739	
	発	1742	快速サンポート
坂出	着	1757	
	発	1839	瀬戸大橋線マリンライナー54号
岡山	着	1903	
	発	1916	山陽本線
姫路	着	2041	
	発	2057	山陽本線・東海道本線新快速
大阪	着	2158	

旅のポイント

①「ムーンライト高知」利用で高知に朝到着。
※運転日は要確認
②遊覧船で四万十川を満喫。
③高知市内もたっぷり観光。

44 大阪

出雲大社、宍道湖…山陰の魅力を満喫

松江、出雲、萩

夏 中級

2日目、丸一日の出雲観光を中心にして、兵庫から鳥取、島根、山口と山陰地方を東から西へ、完全制覇をねらうプラン。

1日目は大阪を出発、松江を目指して、ひたすら列車での移動。ただ途中も、餘部橋梁を通過したり、深い青が広がる夏の日本海沿いに進んだりするので、車窓からの景観を楽しみたい。福知山、城崎温泉、鳥取では、それぞれ30分ほどの待ち時間があるため、ちょっとした買い物程度は十分可能だ。城崎の温泉街は駅から離れているので、入浴は難しい。松江では宍道湖で夕景などを眺めよう。中心市街地は大橋川の対岸だが、最近は駅の近くにも店舗が増え、にぎわってきた。そして『出雲風土記』や『枕草子』にも登場した、歴史ある玉造温泉に宿泊。玉湯川沿いに温泉旅館が軒を連ねている。

2日目は、このプランのメイン、出雲大社へ。出雲市駅から一畑バスに乗り、約20分で出雲大社バス停に着く。バスの運行は毎時00分と30分だ。

大黒様として親しまれている大国主大神（おおくにぬしのおおかみ）をまつる出雲大社。国宝にも指定されている本殿など、参拝はもちろん、重厚な建築美も堪能したい。

昼食には、皮ごと挽くことで、香りと黒の色味が強くついた出雲そばを食したい。鉄道好きなら一畑電車・出雲大社前駅のイスラム建築風、旧国鉄大社駅の神社風駅舎を見比べてみるのも面白い。旧大社駅の駅長事務室はティールームになっていて、側線跡に保存されたD51型蒸気機関車を眺めながら、お茶を楽しむことができる。そしてこの日の宿泊は、１３００年以上の歴史ある温泉津温泉へ。出雲大社での滞在を切り詰めて、明るいうちに温泉津から近い世界遺産・石見銀山へ足を延ばすことも可能だ。入り口にあたる旧大森町の町並みをさらりと眺めるだけなら、それほど時間はかからない。

３日目は下関へ、山陰本線をどんどん西へ向かう。昼過ぎには萩で下車。５時間半ほどの滞在になるので、城下町の雰囲気を堪能しよう。そして、萩から２時間半ほどで下関へ到着する。下関から「ムーンライト九州」で大阪に戻るなら、夜の下関を満喫できる。

1日目

大阪	発	753	福知山線
篠山口	着	916	
	発	918	福知山線
福知山	着	1023	
	発	1121	山陰本線
豊岡	着	1233	
	発	1256	山陰本線
浜坂	着	1416	
	発	1431	山陰本線
鳥取	着	1517	
	発	1603	山陰本線快速とっとりライナー
松江	着	1816	観光（宍道湖の夕陽など）
	発	2009	山陰本線
玉造温泉	着	2019	玉造温泉に宿泊

2日目

玉造温泉	発	910	山陰本線快速アクアライナー
出雲市	着	944	観光（出雲大社など）
	発	1615	山陰本線快速アクアライナー
温泉津	着	1710	温泉津温泉に宿泊

3日目

温泉津	発	852	山陰本線快速アクアライナー
益田	着	1026	
	発	1103	山陰本線
萩	着	1221	観光
	発	1755	山陰本線
下関	着	2024	観光
	発	2256	ムーンライト九州
大阪	着	649	

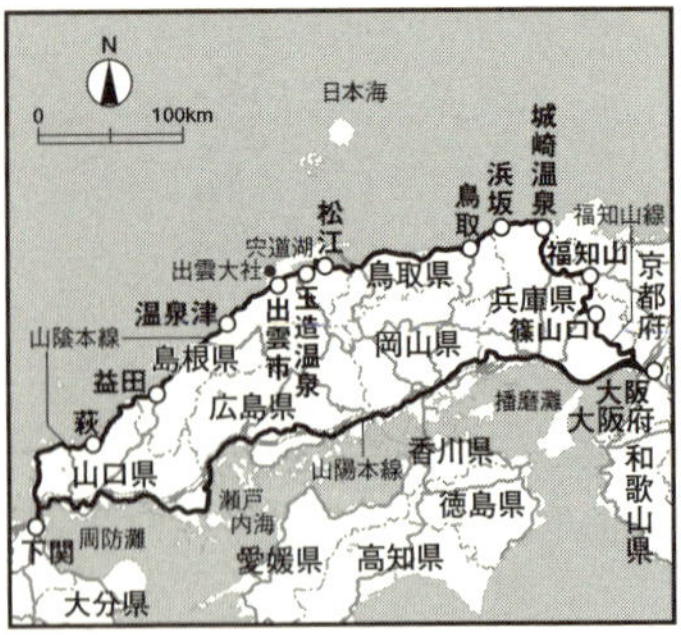

旅のポイント

①山陰を東から西へ、人気観光地を巡る。
②2日間とも名湯に宿泊。
③帰途は期間限定の「ムーンライト九州」で大阪へ。

45 大阪

お気に入りはいずこ? 町並み散歩の旅

倉敷、鞆の浦、竹原

夏 初級

瀬戸内海沿いにある人気の町並み散歩のスポットを3つ、まとめてまわってみようという旅。まずは、人気ナンバー1の倉敷へ。駅から10分ほど歩けば、掘割沿いに江戸時代の商家・蔵・武家屋敷、さらに明治期のレンガ建築などが整然と並ぶ、美観地区に着く。大原美術館、アイビースクエアなど見どころが多いので、ポイントを絞っての観覧が必要。将棋好きには大山康晴名人記念館もある。また、美観地区の東側から駅へ続く倉敷えびす商店街のアーケードは、昭和レトロな雰囲気がただよい、歩くだけで楽しい。

山陽本線続いての下車は福山。駅からはバスを利用して、万葉集にも詠まれた潮待ちの港・鞆の浦へ。特に町並み保存地域などに指定されてはいないものの、江戸時代から昭和に至る古い建物が地域一体に数多く残る。倉敷との対比も鮮やかだ。

宿泊は尾道で。ロープウェイで千光寺山に上り、標高１４４ｍの山頂からの景色を楽しみたい。下には尾道市街地と、細い水道を挟んだ向島など、多島海・瀬戸内のおだやかな風景が広がる。天気が良ければ、はるか四国山脈まで見通すこともできる。下りは尾道ゆかりの文学碑が点在する文学のこみちを歩いてたどる。大林宣彦監督の映画に出てきた風景を見つけることもできるだろう。麓の喫茶店のワッフルは、『時をかける少女』の原田知世ら、映画の出演者たちも絶賛したというものだ。夕食は尾道ラーメンでも、もちろん瀬戸内の海の幸でもいい。

翌日は午前中、市民の足代わりとなっている島々へのフェリーに試乗する手もある。そして呉線で、安芸の小京都・竹原へ。小京都の異名は、この町に限っては伊達ではなく、平安時代に下鴨神社の社領だったという由緒が残る。江戸時代に製塩と酒造で栄えた竹原は、造りのしっかりとした町屋が多く残り、格式ある寺院とともに町全体が落ち着いた佇まい。駅から5分ほどのところには、竹原出身の故池田勇人元総理大臣のコレクションを収蔵した、たけはら美術館があり、ゆかりの江戸時代の儒学者・頼山陽の書や、近代美術作品を数多く展示している。帰路は呉線の車窓を楽しみたい。呉港に停泊する海上自衛隊の護衛艦を眺め、広島から山陽本線経由での帰阪としたい。

1日目

大阪	発	718	東海道本線・山陽本線新快速
姫路	着	822	乗り換え
	発	839	山陽本線
相生	着	900	乗り換え
	発	933	山陽本線
倉敷	着	1100	倉敷散策・昼食
	発	1344	山陽本線サンライナー
福山	着	1417	乗り換え
福山駅前	発	1415	鞆鉄道バス(510円)
鞆の浦	着	1445	鞆の浦散策
	発	1625	鞆鉄道バス
福山駅前	着	1655	乗り換え
福山	発	1700	山陽本線
尾道	着	1720	宿泊

2日目

尾道			尾道散策
尾道	発	1051	山陽本線
三原	着	1105	乗り換え
	発	1122	呉線
竹原	着	1209	竹原散策
	発	1426	呉線
広	着	1515	乗り換え
	発	1521	呉線
広島	着	1619	乗り換え
	発	1624	山陽本線快速シティライナー
三原	着	1733	乗り換え
	発	1739	山陽本線
岡山	着	1913	乗り換え(駅弁・ばらずし)
	発	1916	山陽本線
姫路	着	2041	乗り換え
	発	2057	山陽本線・東海道本線新快速
大阪	着	2158	

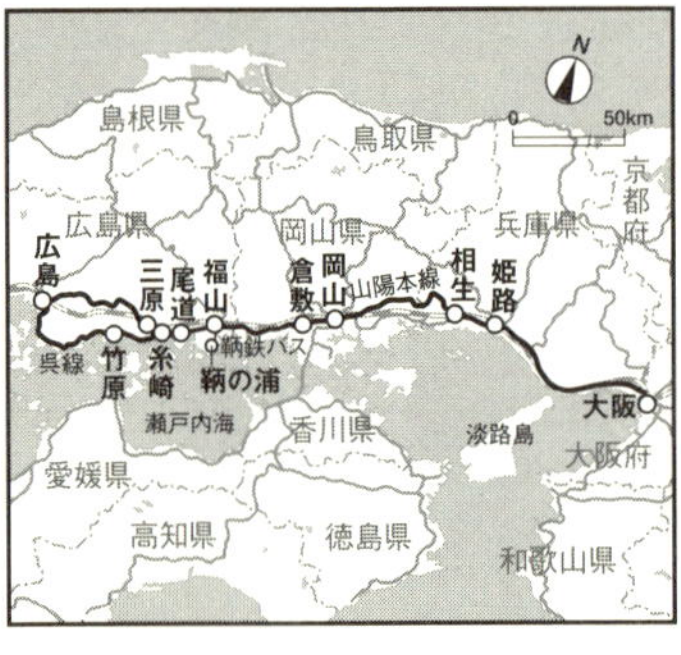

旅のポイント

①倉敷「美観地区」で掘割沿いの町並み散歩。
②万葉以来の潮待ちの港・鞆の浦散歩。
③安芸の小京都・竹原の町並み散歩。

46 大阪

播州赤穂、伊部

冬 初級

赤穂浪士と備前焼の里赤穂線日帰り旅

できれば、12月14日に赤穂市で行われる「義士祭」のパレードを見てみたいが、他の日でも十分楽しめる。赤穂城跡や大石神社は、祭り当日は大賑わいだが、普段は落ち着いた佇まいを漂わせている。漁師町・日生では漁協市場五味の市（火曜定休）へ直行、旬を迎えた養殖のカキが殻付きで販売されている。向かいの「海の駅しおじ」ではそれを焼いて食べることができる（席料600円）。さらに、備前焼の里・伊部では手作り体験もできてしまう。（備州窯※要予約、製作時間1〜1・5時間）。という具合に、日帰り旅としては充実の赤穂線である。

1日目

大阪	発	652	東海道本線・山陽本線新快速
姫路	着	754	乗り換え
	発	812	山陽本線・赤穂線
播州赤穂	着	843	赤穂義士祭（赤穂城跡・大石神社）
	発	1040	赤穂線
日生	着	1055	五味の市（殻付きカキ）
	発	1302	赤穂線
伊部	着	1318	備前焼体験（※備州窯）
	発	1612	赤穂線
岡山	着	1656	乗り換え
	発	1708	山陽本線
姫路	着	1843	乗り換え
	発	1857	東海道本線・山陽本線新快速
大阪	着	1958	

旅のポイント

①義士祭を訪ねて赤穂の町へ。
②日生の五味の市で、殻付きの旬のカキを。
③自分だけの備前焼、伊部で手作り体験。

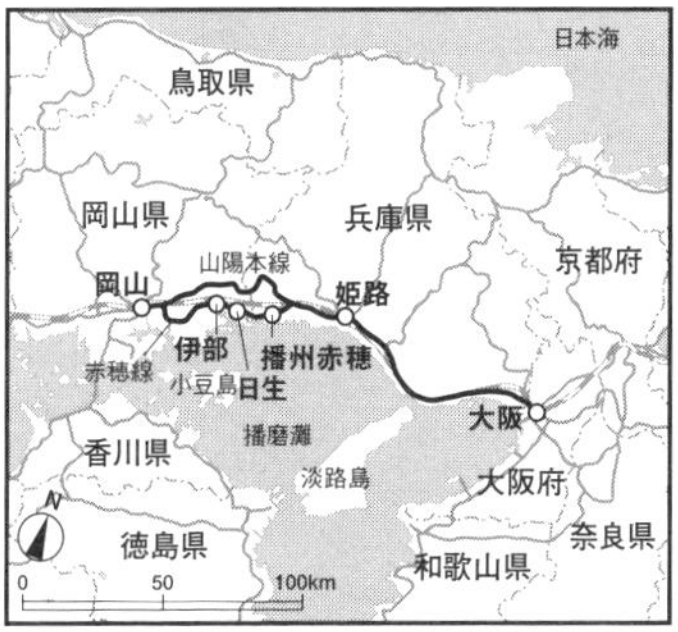

47

大阪

白川郷

冬

中級

合掌に降り積もる雪、世界遺産の冬

1日目で注意したいのは、高山でのバスへの乗り換え。高山からは15時20分発のバスが最終なので、高山到着は絶対に遅れないように。白川郷では大きな合掌造りの屋根に降り積もる雪、集落全体をすっぽりと覆うように積もった雪を実感！　名物の「どぶろく」などやりながら静かな夜を味わっていただきたい。2日目は、城端駅まではバスで移動。こちらも本数は多くないので、注意したい。北陸まわりの帰路では金沢に立ち寄り、今度は城下町の冬を感じてみよう。近江町市場でのおみやげ探しも楽しい。

1日目

大阪	発	821	東海道本線新快速
米原	着	946	乗り換え
	発	953	東海道本線新快速
岐阜	着	1051	乗り換え
	発	1113	高山本線
美濃太田	着	1151	乗り換え
	発	1209	高山本線
高山	着	1500	バスへ乗り換え
高山バスセンター	発	1520	北陸鉄道高速バス
白川郷	着	1655	白川郷に宿泊

2日目

荻町神社前	発	1035	加越能鉄道バス
城端駅前	着	1150	JRへ乗り換え
城端	発	1257	城端駅
高岡	着	1343	乗り換え
	発	1407	北陸本線
金沢	着	1458	乗り換え
	発	1716	北陸本線
敦賀	着	1939	乗り換え
	発	1952	北陸本線
長浜	着	2034	乗り換え
	発	2042	北陸本線・東海道本線新快速
大阪	着	2218	

旅のポイント

①世界遺産の里に泊まる。
②雪に閉ざされる「山里の冬」を実体験する。
③帰路には金沢で「城下町の冬」との対比。

48 大阪

紀伊半島

冬 中級

黒潮の恵み・冬の味覚クエを求めて南へ

鍋よし刺身よしの高級魚として知られるクエ。中でも紀州産は、最高級の折り紙付き。那智勝浦での温泉宿を宿泊先に決めた時点で、旅のメインは1日目ということになる。クエの本場・白浜での豪勢な昼食だけでも十分だが、勝浦の温泉につかる前に、捕鯨基地として栄えた太地のくじら浜公園まで足を運んでみよう。ここから勝浦まで、観光船で渡るという方法もあるが、冬期は便数が少ないので断念する。2日目は大阪までの距離が遠くなったぶん移動中心のスケジュールになる。乗り換えは計5回、いかにも青春18きっぷらしい旅である。

1日目

大阪	発	703	大阪環状線内回り・阪和線直通快速
和歌山	着	829	乗り換え
	発	837	紀勢本線
御坊	着	946	乗り換え
	発	958	紀勢本線
紀伊田辺	着	1040	乗り換え
	発	1051	紀勢本線
白浜	着	1105	昼食（＝クエ料理）・観光
	発	1323	紀勢本線
太地	着	1523	くじら浜公園
	発	1652	紀勢本線
紀伊勝浦	着	1659	宿泊

2日目

紀伊勝浦	発	1018	紀勢本線
新宮	着	1045	乗り換え
	発	1051	紀勢本線
多気	着	1435	乗り換え
	発	1446	紀勢本線
亀山	着	1538	乗り換え
	発	1542	関西本線
加茂	着	1705	乗り換え
	発	1714	関西本線
奈良	着	1732	乗り換え
	発	1738	関西本線・大阪環状線快速
大阪	着	1835	

旅のポイント

①冬が旬の巨大魚・クエ料理に舌鼓を打つ。
②那智勝浦の温泉でぬくぬく。
③黒潮を眺めながら紀伊半島をぐるりと一周。

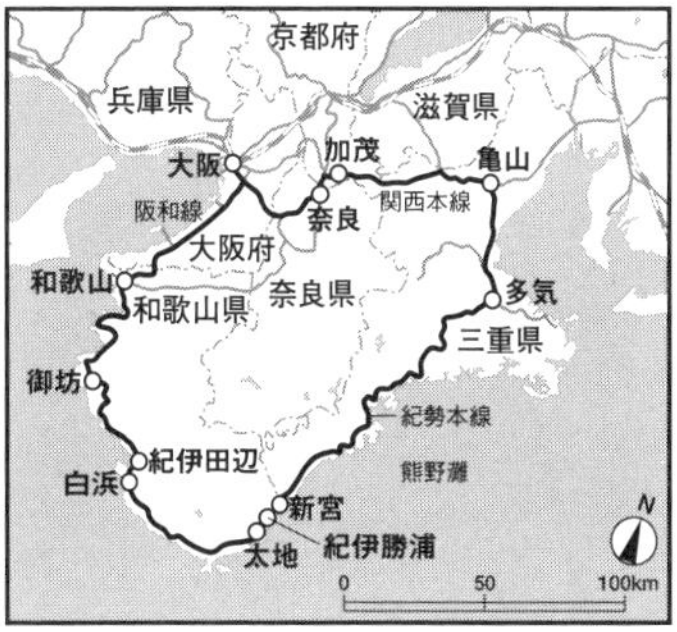

49 大阪 → 函館

春 上級

日本海をのんびり北上、海の幸と函館朝市の旅

大阪から函館、１２００㎞を超える距離感を、車窓から眺める春模様の日本海とお国自慢の海の幸を味わいながら体感し、存分に楽しんでしまおうという旅である。

1日目は、敦賀で若狭湾に到達。北陸本線に乗り換え、日本海北上が始まる。いったん内陸に入って鯖江下車。めがね会館で「眼鏡の街」を確認したら、聴琴亭の殿様うどんで腹ごしらえ。福井では駅弁「越前かにめし」を仕入れ、金沢へ。市内観光で金沢の台所・近江町市場もチェック。2日目は「ますのすし」やホタルイカなど富山湾の味を楽しみつつ越後の海へ。出雲崎では、北国街道沿いに並ぶ妻入りの街並みに往時を偲び、新潟着。郷土料理・のっぺ汁に脂ののったノドグロで一杯。3日目、「サケの街」村上を過ぎると、笹川流れ。日本海と迫り来る断崖との間を縫うように羽越本線が秋田をめざす。やがて視界が開けた前方にはたっぷり雪が残る鳥海山の姿。酒田では「土門拳記念館」でアカデミックな気分になったところで、寿司屋横丁でお腹も満たす。秋田の夜は、「しょっつる鍋」か「きりたんぽ鍋」か?

4日目は早起き。秋田市民市場でおばちゃんたちの元気な姿を見て、五能線まわりで青森へ。土・日であれば、展望列車「リゾートしらかみ」を利用したい。津軽海峡越えは、蟹田〜木古内間のみ特急の利用が可能である。函館着は遅いが、一気に函館山へ向かい、夜景もゲット。翌日は朝市で函館観光をスタート。帰阪は飛行機でわずか1時間半…旅は奥が深い。

1日目

大阪	発	747	東海道本線・湖西線新快速
近江今津	着	910	停車（直通）
	発	919	湖西線新快速
敦賀	着	950	乗り換え
	発	954	北陸本線
鯖江	着	1034	めがね会館・殿様うどん
	発	1228	北陸本線
福井	着	1239	福井城址見学・越前かにめし
	発	1347	北陸本線
金沢	着	1517	兼六園・近江町市場・宿泊

2日目

金沢	発	851	北陸本線
富山	着	946	乗り換え（ますのすし）
	発	1025	北陸本線
滑川	着	1040	ほたるいかミュージアム
	発	1234	北陸本線
直江津	着	1410	乗り換え
	発	1429	信越本線
柏崎	着	1512	乗り換え
	発	1522	越後線
出雲崎	着	1555	良寛・妻入りの街並み見学
	発	1756	越後線
吉田	着	1834	乗り換え
	発	1839	越後線
新潟	着	1932	宿泊・のっぺ汁・ノドグロ

3日目

新潟	発	734	白新線・羽越本線
村上	着	858	イヨボヤ会館
	発	1034	羽越本線
酒田	着	1248	土門拳記念館見学・寿司屋横丁
	発	1537	羽越本線
秋田	着	1724	宿泊・しょっつる鍋・きりたんぽ鍋

4日目

秋田			市民市場見学
秋田	発	633	奥羽本線
東能代	着	730	乗り換え
	発	755	五能線・奥羽本線
弘前	着	1214	弘前城見学
	発	1353	奥羽本線
青森	着	1443	市内観光
	発	1640	津軽線
蟹田	着	1723	乗り換え
	発	1748	津軽海峡線特急スーパー白鳥19号
木古内	着	1835	乗り換え
	発	1854	江差線
函館	着	2004	宿泊・夜景

5日目

函館			朝市・市内観光（※函館駅から空港まで連絡バス、約30分・280円）
函館空港	発	1500	ANA1790便
関西空港	着	1655	

旅のポイント

①春景色の日本海、1200kmののんびり旅。
②その土地ならではの日本海の海の幸に舌鼓。
③函館では夜景、朝市、市内観光まで満喫。

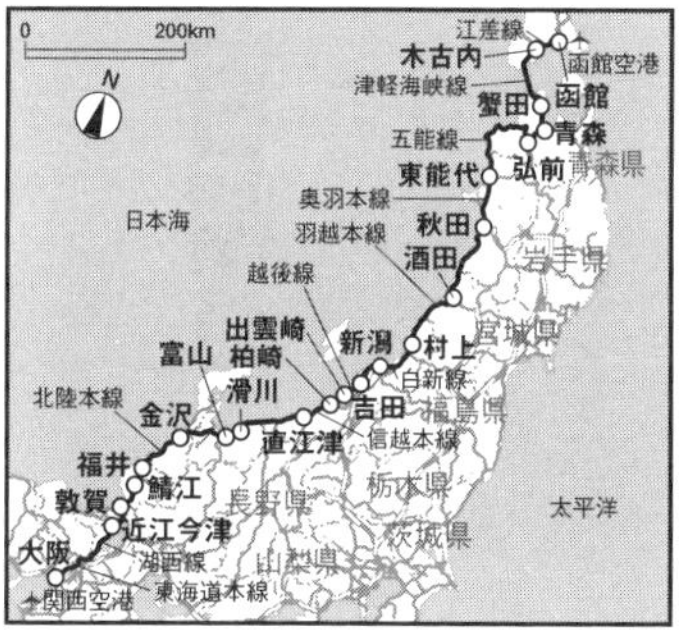

50

大阪天橋立、伊根

春

中
級

北近畿タンゴ鉄道で行く天橋立日帰りの旅

福知山での乗り換えは忘れてはいけないのが「青春18きっぷ」の提示だ。５００円で北近畿タンゴ鉄道1日乗り放題の「ＫＴＲ青春フリーきっぷ」が買えるといううれしい特典がある。天橋立駅で下車した後は、観光船で天橋立へ。さらにリフトかケーブルカーで傘松公園へ。傘松公園では「股のぞき」にチャレンジを。さらに路線バスを使い伊根へ。海べりに軒を並べた家々に直接小舟が出入りする独特の舟屋風景を眺めてから帰路に着く。天橋立から西舞鶴までの車窓の景色を楽しみつつ、丹後の海に別れを告げよう。帰りは京都まわりで大阪へと向かう。

1日目

大阪	発	714	福知山線
福知山	着	934	乗り換え
福知山	発	1020	北近畿タンゴ鉄道（KTR青春フリーきっぷ500円）
宮津	着	1109	乗り換え
宮津	発	1126	北近畿タンゴ鉄道
天橋立	着	1131	乗り換え
天橋立桟橋	発	1145	天橋立観光船(520円)
一の宮桟橋	着	1157	乗り換え
府中駅～傘松駅	発		リフト（6分）orケーブルカー（4分）共通券往復640円 ※傘松公園～天橋立股のぞき
傘松ケーブル下	発	1357	丹後海陸交通バス(720円)
伊根	着	1427	※伊根の舟屋風景
伊根	発	1527	丹後陸海交通バス(950円)
天橋立駅	着	1621	乗り換え
天橋立	発	1702	北近畿タンゴ鉄道
西舞鶴	着	1752	乗り換え
西舞鶴	発	1756	舞鶴線
綾部	着	1816	乗り換え
綾部	発	1905	山陰本線
園部	着	2007	乗り換え
園部	発	2024	山陰本線
京都	着	2116	乗り換え
京都	発	2129	東海道本線新快速
大阪	着	2158	

旅のポイント

①青春18きっぷ特典がある北近畿タンゴ鉄道を活用。
②春の潮風を感じながら「天橋立股のぞき」。
③海沿いに舟屋が軒を連ねる伊根の風景を訪ねる。

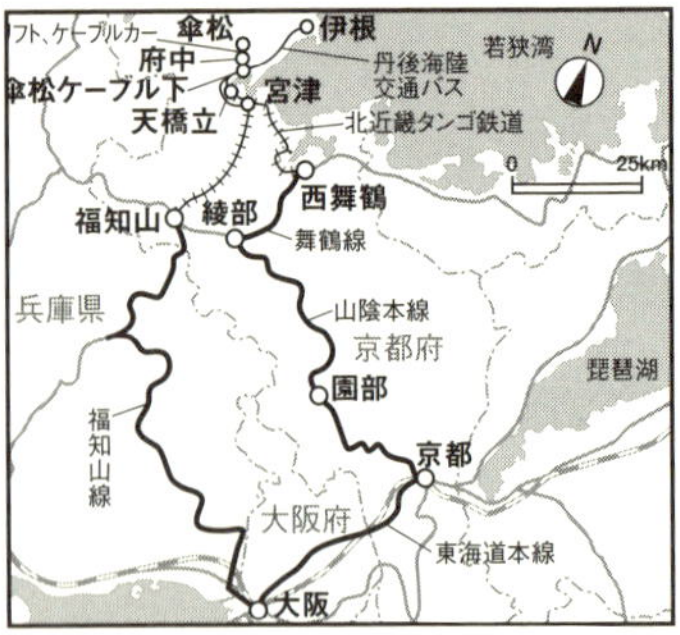

51 大阪

武家の都に歴史を訪ねる鎌倉ウォーキング

鎌倉

春

中級

「修学旅行」ということばがもつノスタルジックな気分に、おとなの楽しみを加えた鎌倉への旅。

1日目は、鎌倉までの大移動。前夜ワクワク気分でなかなか寝付けなくても、遅刻は許されません。早起き出発なので、おとなの修学旅行は1時間あまりの待ち合わせの間に、名古屋名物・喫茶店のモーニングで腹ごしらえ。好みによって、ホームのきしめんスタンドでもオーケー。昼食は焼津さかなセンターで、豪快にマグロ丼にかぶりつく。鎌倉宿泊では、騒ぎ過ぎないように…。翌日は鎌倉ウォーキングが待っているので。鎌倉はまた、市内に松竹大船撮影所を擁した「キネマの都」でもあった。駅の近くには、大の映画ファンだったというマスターが営むパブもあり、懐かしのポスターに囲まれ、映画の主題歌を聴きながら静かな夜を過ごすこともできる。

2日目は、朝から夕方まで鎌倉での「自由行動」。鎌倉・北鎌倉を中心にどう行動するかは、しっかりと事前学習をしておきたい。鉄道好きなら江ノ島電鉄（鎌倉～藤沢）の乗りつぶしに出かけてみてはどうだろうか。わずか12kmほどの短い路線に、切通しやトンネル、路面区間に海岸線ぎりぎりといった、さまざまな風景が詰まっている。車両も、小規模経営の私鉄らしく、数年に一度、1編成ずつの更新のため、そのつど違ったタイプのものが登場し、古いものと合わせて乗り降りごとにバリエーションが加わる。一日乗車券「のりおりくん」は、５８０円で飲食店の割引などの特典も付く。また、湘南江の島～大船には懸垂式の湘南モノレールも走る。こちらの一日乗車券は600円。夜は熱海温泉に宿泊。鎌倉の疲れを癒しつつ、夜の熱海探訪もそれなりに楽しんでおく。
　3日目は「安倍川餅」を味わったら、蒲郡の「えびせんべい」をお土産に家路に着こう。

1日目

大阪	発	638	東海道本線新快速
米原	着	800	乗り換え
	発	805	東海道本線
大垣	着	838	乗り換え
	発	843	東海道本線快速
名古屋	着	917	喫茶店のモーニング・柳橋中央市場
	発	1028	東海道本線快速
豊橋	着	1118	乗り換え
	発	1127	東海道本線
浜松	着	1202	乗り換え
	発	1212	東海道本線
焼津	着	1308	焼津さかなセンター（昼食）
	発	1508	東海道本線
熱海	着	1642	乗り換え
	発	1651	東海道本線快速アクティー
大船	着	1747	乗り換え
	発	1756	横須賀線
鎌倉	着	1803	鎌倉観光・宿泊

2日目

鎌倉・北鎌倉			鎌倉観光
北鎌倉	発	1648	横須賀線
大船	着	1652	乗り換え
	発	1655	東海道本線
熱海	着	1805	宿泊

3日目

熱海	発	851	東海道本線
安倍川	着	1017	安倍川餅
	発	1107	東海道本線
浜松	着	1213	乗り換え
	発	1228	東海道本線
豊橋	着	1301	乗り換え
	発	1307	東海道本線
蒲郡	着	1318	海鮮昼食・えびせんべい
	発	1518	東海道本線快速
大垣	着	1631	乗り換え
	発	1640	東海道本線
米原	着	1717	乗り換え
	発	1719	東海道本線新快速
大阪	着	1843	

旅のポイント

①丸一日を使って鎌倉を探訪。
②熱海宿泊で温泉気分もしっかり楽しむ。
③旅路の食は、各地の名物・名産を。

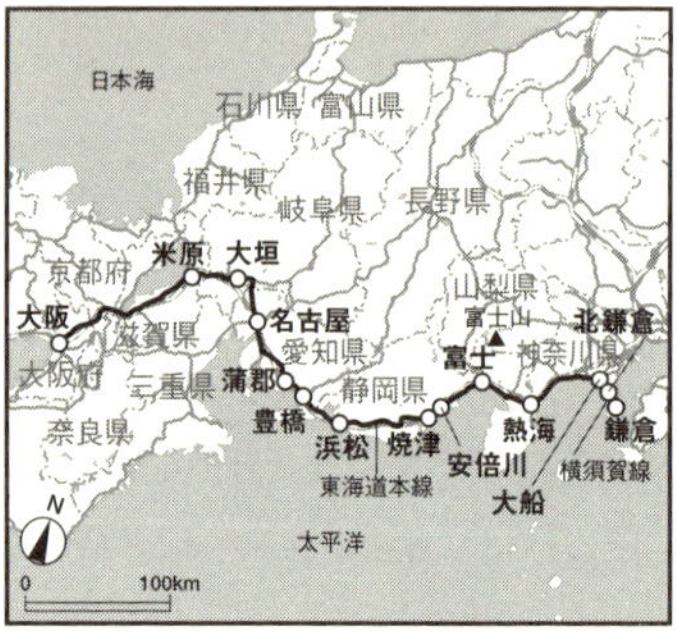

52 大阪 中国山地をひと回り、ローカル線周遊旅

竹田、鳥取、津山

春

初級

中国山地を縫うように走るローカル線を結び、車窓に広がる山間の春風景を楽しみながらまわる１泊２日の旅。

１日目は姫路から播但線へ。降り立つ竹田は山あいの小さな城下町。山の形から虎臥城とも呼ばれた竹田城跡までは、中腹の駐車場（タクシー利用）から徒歩10分。標高３５４ｍの城は、「但馬・天空の城」とも称されたが、１６００（慶長元）年に赤松広秀を最後の城主として廃城になった。中世山城の偉容を伝える見事な穴太積みの石垣が残り、名城百選にも選ばれている。麓の寺町通り散歩だけでも城下町の風情が味わえる。隣の和田山駅には、かつてＣ57形蒸気機関車などのネグラだった明治期のレンガ造りの機関庫が残っているので、乗り換え時に見ておきたい。

山陰本線では、城崎、岩井と温泉地をぶらり途中下車。岩井温泉では共同浴場で地元に伝わる「ゆかむり」入浴を体験してみる。「ゆかむり」とは、頭に手ぬぐいをのせて入浴しながら柄杓で湯を頭にかぶる（かむる）独特の風習のこと。温泉街には岩美町立の温泉施設、その名もずばり「ゆかむり温泉」があり、源泉１００の掛け流し湯が、大人３００円で楽しめる。浴室の壁には、ゆかむり中の湯治客と、柄杓を手に踊るあねさん被りの女性の姿が描かれている。

宿泊地の鳥取も、県庁所在地の市街中心部に温泉が湧く。駅に隣接するビジネスホテルにも、

ほとんどに天然温泉の大浴場があるのが、遅着・早出が多くエキチカに泊まりたい「青春18きっぷ派」にはうれしい街だ。

鳥取砂丘からスタートの2日目は、因美線・姫新線と乗り継ぎ、津山で城下町散歩。例年3月下旬ならば津山城跡の桜も、ちらほら咲き始めている。

1日目

大阪	発	658	東海道本線・山陽本線
姫路	着	833	乗り換え
姫路	発	843	播但線
寺前	着	928	乗り換え
寺前	発	929	播但線
竹田	着	1008	※竹田城跡・寺町通り
竹田	発	1232	播但線
和田山	着	1239	乗り換え※和田山駅機関庫
和田山	発	1252	山陰本線
豊岡	着	1327	
	発	1329	
城崎温泉	着	1344	※温泉街散策
城崎温泉	発	1457	山陰本線
浜坂	着	1555	乗り換え
浜坂	発	1619	山陰本線
岩美	着	1646	乗り換え
岩美	発	1659	日本交通バス(200円)
岩井温泉	着	1707	※ゆかむり温泉(300円)
岩井温泉	発	1812	日本交通バス
岩美	着	1820	乗り換え
岩美	発	1839	山陰本線
鳥取	着	1903	宿泊

2日目

鳥取	発	900	日本交通バス(360円)
砂丘東口	着	920	※鳥取砂丘
砂丘東口	発	1032	日本交通バス
鳥取	着	1052	乗り換え※昼食
鳥取	発	1203	因美線
智頭	着	1248	乗り換え
智頭	発	1301	因美線・姫新線
津山	着	1409	※津山観光
津山	発	1725	姫新線
佐用	着	1831	乗り換え
佐用	発	1839	姫新線
姫路	着	2000	乗り換え
姫路	発	2012	山陽本線・東海道本線新快速
大阪	着	2113	

旅のポイント

①播但線・因美線・姫新線と中国地方のローカル線を楽しむ。
②竹田、津山で城下町散歩。
③大らかな鳥取砂丘で海の春風を浴びる。

53 大阪 ▶ 石見銀山

春 中級

400年の産業遺産石見銀山の遺跡を歩く

かつて世界最高水準の銀産出量を誇り、徳川幕府３００年の財政基盤を支えた石見銀山の歴史を訪ねる旅に、温泉情緒がアクセントを付ける。

１日目は、まず『城崎にて』の志賀直哉ら、多くの文学者に愛された城崎温泉で、温泉街散歩と昼食。城崎独特の土産物といえば江戸時代から続くという「麦わら細工」がいちばんに挙げられる。夜は出雲神話の時代からの歴史を持つ玉造温泉で、「宍道湖七珍」を味わう。七珍とは、スズキ、モロゲエビ、ウナギ、アマサギ、シラウオ、コイ、シジミのこと。いずれも美味なのは間違いないが、そのほかにも宍道湖ではさまざまな魚介類が獲れる。地元では「七珍に絞って名産というのは、魚介類の豊富さが隠れて、むしろマイナスイメージになる」とのぜいたくな悩みもあるほどだという。

石見銀山へは、太田市駅前から石見交通バスで大森代官所跡下車。まずは石見銀山資料館で学習を。旧大森町域にあたる大森地区は銀山経営の中枢だったエリアで、約１㎞にわたり武家屋敷と町家が混在した古い建物が並ぶ。銀山遺跡はここからさらに南へ３㎞ほど、龍源寺間歩行きバスで10分のところにある。間歩とは坑道のことで、石見銀山全体で約５００ヶ所もあったとされる。現在、そのうち一般に開放されているのは龍源寺間歩の、それも一部のみに限られている。ただ、世界遺産登録に伴って研究・確認作業が進んでいるため、今後は開放が進むことが期待されている。銀山関連の遺構は、大森地区の広い範囲に点在しており、天候・時間・体力等を考慮して、バスと徒歩をうまく使って歴史散歩を楽しんでもらいたい。古い建物を改装して造られたカフェやレストランなどが、古い町並みに溶け込んでいる。夜は、かつて銀の積出港として賑わったという温泉津温泉で疲れを癒す。

　翌日は、一気に大阪をめざす長い旅が待っている。

1日目

大阪	発	714	福知山線
福知山	着	934	乗り換え
	発	959	山陰本線
城崎温泉	着	1128	温泉街散策・昼食
	発	1311	山陰本線
浜坂	着	1416	乗り換え
	発	1431	山陰本線
鳥取	着	1517	乗り換え
	発	1603	山陰本線快速とっとりライナー
玉造温泉	着	1826	宿泊

2日目

玉造温泉	発	910	山陰本線快速アクアライナー
大田市	着	1014	乗り換え
大田市駅前	発	1142	石見交通バス大家行き
大森代官所跡	着	1208	大森地区・銀山地区見学
	発	1507	石見交通バス
大田市駅前	着	1533	乗り換え
大田市	発	1605	山陰本線
温泉津	着	1634	温泉街散策・宿泊

3日目

温泉津	発	852	山陰本線快速アクアライナー
益田	着	1026	乗り換え
	発	1114	山口線
山口	着	1317	乗り換え
	発	1319	山口線
新山口	着	1341	乗り換え
	発	1344	山陽本線・快速シティライナー
糸崎	着	1737	乗り換え
	発	1744	山陽本線
岡山	着	1913	乗り換え
	発	1916	山陽本線
姫路	着	2041	乗り換え
	発	2057	山陽本線・東海道本線快速
大阪	着	2158	

旅のポイント

①世界に誇る石見銀山の遺跡を探訪。
②石見銀山で採掘された銀の積出港でもあった温泉津に宿泊。
③城崎・玉造・温泉津の温泉情緒を楽しむ。

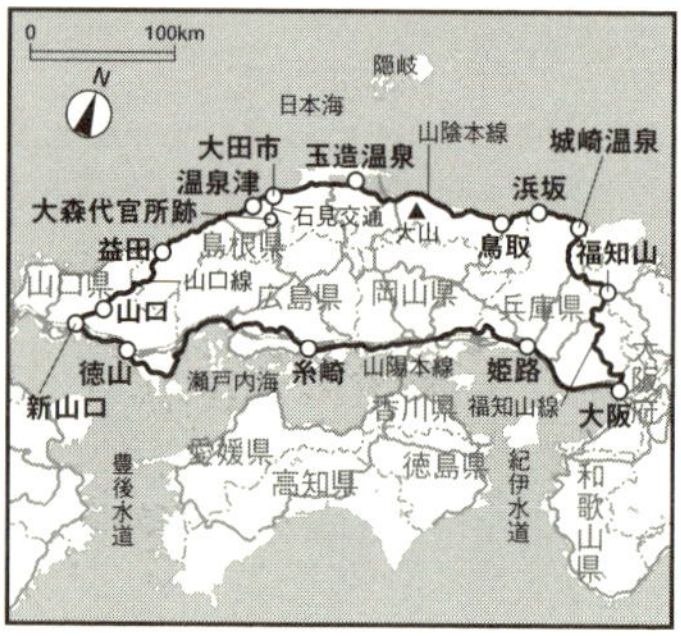

54 大阪

あそこもここも訪ねたい西国小京都めぐり

松江、萩、津和野

春　上級

旅の目的はさまざまあるが、いつの時代にも根強い人気があるのが「小京都の旅」。中国地方にはひとつひとつ趣の異なる小京都があちらこちらに点在している。休暇の度に、ひとつずつ塗りつぶすように、旅を重ねて行くのも方法なら、一気にぐるりとまわってしまおうという旅もあっていいはず。そこで青春18きっぷを使い切っての「4泊5日の小京都めぐり」の提案である。

とはいっても、まわる小京都の数をやみくもに増やしても意味がない。小京都のもつ落ち着きや街並みを味わうにはそれなりの時間も必要である。そこで今回のコースでは、①ひとつの街に最低2時間は滞在、②宿泊はすべて小京都、という2つの約束事を設けてコースづくりを行った。こうして出来上がった4泊5日の小京都めぐりでは、計9つの小京都を訪ねることが可能である（タイムスケジュール表★印）。

龍野・備中高梁・津山・倉吉・松江・益田・萩・津和野・尾道…規模も違えば、歴史も違うそれぞれの小京都。どこがあなたの記憶に大きく残るだろうか。この中から、再度訪ねてみたいお気に入りの小京都が見つかるのかもしれない。乗り継ぐ路線も9つを数える。車窓の風景とともに写真にもしっかり残したい。また何度かに分けて、小京都めぐりを楽しむこともできるし、テーマを決めて旅のコースを決めるなど、自由に旅行を楽しんでほしい。

1日目

大阪	発	718	東海道本線・山陽本線新快速
姫路	着	822	乗り換え
	発	828	姫新線
本竜野	着	852	★龍野探訪
	発	1137	姫新線
姫路	着	1201	乗り換え
	発	1206	山陽本線・赤穂線新快速
播州赤穂	着	1236	乗り換え
	発	1239	赤穂線
岡山	着	1408	（直通）
	発	1415	山陽本線・伯備線
備中高梁	着	1510	★高梁探訪・宿泊

2日目

備中高梁	発	710	伯備線・山陽本線
岡山	着	807	乗り換え
	発	911	津山線
津山	着	1036	★津山探訪
	発	1137	因美線
智頭	着	1243	乗り換え
	発	1256	因美線
鳥取	着	1340	乗り換え
	発	1402	山陰本線快速とっとりライナー
倉吉	着	1454	★倉吉探訪・宿泊

3日目

倉吉	発	722	山陰本線快速とっとりライナー
米子	着	824	乗り換え
	発	830	山陰本線快速アクアライナー
松江	着	859	★松江探訪
	発	1322	山陰本線快速アクアライナー
益田	着	1624	★益田探訪
	発	1857	山陰本線
東萩	着	2005	宿泊

4日目

東萩			★萩探訪
	発	1149	山陰本線
益田	着	1301	乗り換え
	発	1403	山口線
津和野	着	1446	★津和野探訪・宿泊

5日目

津和野	発	818	山口線
新山口	着	1002	乗り換え
	発	1011	山陽本線
岩国	着	1220	乗り換え
	発	1241	山陽本線快速シティライナー
三原	着	1438	乗り換え
	発	1443	山陽本線
尾道	着	1456	★尾道探訪
	発	1757	山陽本線
岡山	着	1913	乗り換え
	発	1916	山陽本線
網干	着	2030	乗り換え
	発	2045	山陽本線・東海道本線新快速
大阪	着	2158	

旅のポイント

①一気にまわる9つの小京都。
②小京都をめぐり、小京都に泊まる。
③青春18きっぷを使い切っての小京都めぐり。

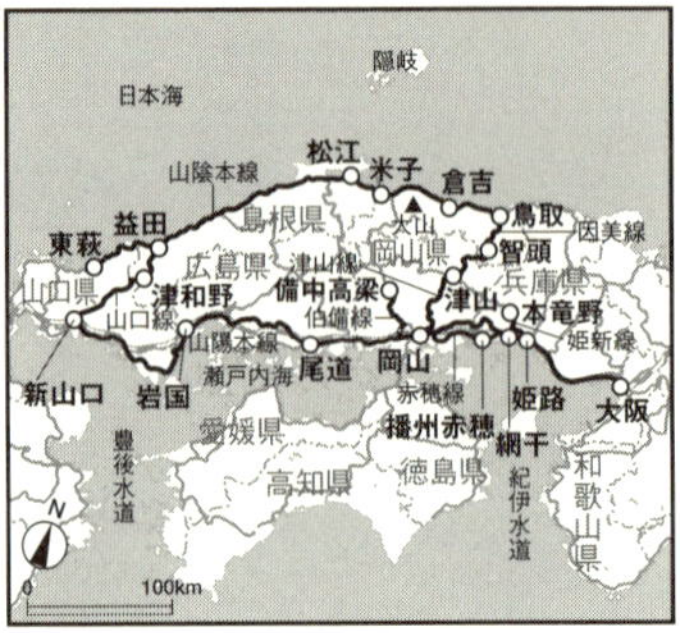

広島・博多発

門司港駅（鹿児島本線）

広島は中国地方の鉄道拠点、山陽本線、芸備線、可部線が発着し、呉線、岩徳線が接続、市内は路面電鉄で賑わう。北は出雲や萩へ、西は山口や小京都津和野へＳＬ列車で旅に出るのもいい。東はもちろん関西、また岡山から瀬戸大橋を渡って、四国では有名なうどんや松山の温泉にも行ってみたい。世界遺産である姫路城や厳島神社も是非訪ねてみたい場所。大阪・九州からは手の届かない中国四国地方の魅力に触れられることが強みだ。

九州を巡るならやはり拠点は博多。長崎、鹿児島、大分、宮崎へと幹線が延びる。長崎方面へは途中から佐世保へも向かえる。ハウステンボスで一日を過ごすのもいい。熊本を経由しての鹿児島行きは、肥薩線を使って山間の美景を存分に楽しもう。その果てには近年〝篤姫〟人気で賑わう鹿児島が。阿蘇牛などのグルメや指宿温泉にも期待大。九州東側を走る日豊本線からは、別府、由布院などの有名温泉地を訪ねてみたい。神話のふるさと、高千穂へ足を延ばして見るのもいい。九州の鉄道旅を満喫して帰ってきたなら、博多の中洲に並ぶ屋台で街の灯を見ながら一杯やるのも悪くない。

55
広島

中国山地を越えて、古都の春をひとめぐり

江津、益田、津和野

春
中級

1日目は芸備線から三江線と山間の春模様を眺めながらローカル線を乗り継ぎ、江津へ。江津本町の甍街道を歩く。江の川の舟運で栄えた天領の面影を残す建物を見ながら駅へと向かい、この日のうちに益田まで移動する。2日目の朝は駅前で行われている伝統の朝市に出かけてみる。午前は画聖・雪舟と万葉歌人・柿本人麻呂の終焉の地である益田を観光。雪舟の郷記念館万葉公園・高津柿本神社へはそれぞれタクシーで約10分。益田を後にして津和野到着はちょうどお昼時。昼食をまじえ、山陰の小京都散歩で旅をしめくくる。

1日目

広島発	753	芸備線
三次着	946	乗り換え
三次発	1002	三江線
石見川本着	1209	乗り換え
石見川本発	1351	三江線
江津着	1457	※椿の里・甍街道
江津発	1727	山陰本線快速アクアライナー
浜田着	1748	乗り換え
浜田発	1805	山陰本線
益田着	1852	宿泊

2日目

		※益田観光
益田発	1114	山口線
津和野着	1155	※津和野観光
津和野発	1446	山口線
山口着	1554	乗り換え
山口発	1555	山口線
新山口着	1617	乗り換え
新山口発	1648	山陽本線
岩国着	1842	乗り換え
岩国発	1853	山陽本線
広島着	1944	

旅のポイント

①舟運・海運で栄えた江津を散策。
②雪舟・柿本人麻呂ゆかりの益田に宿泊。
③小京都・津和野で陽だまり散歩。

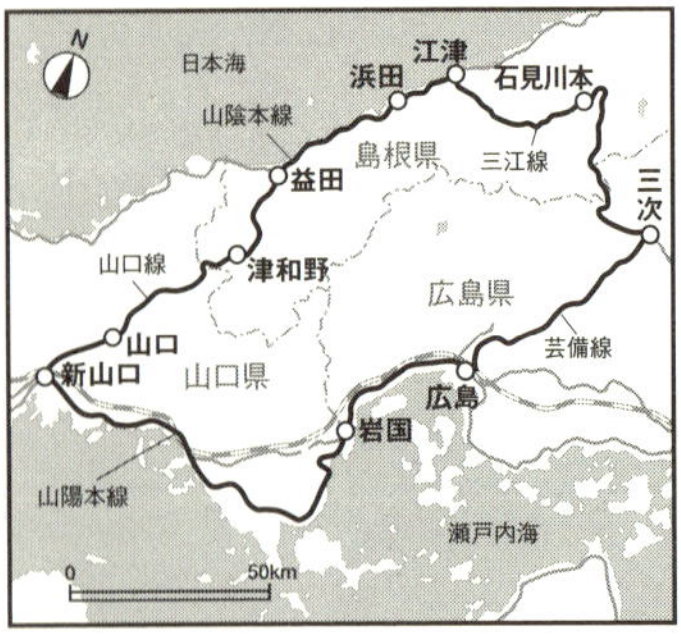

56 広島 掘り出し物が見つかるか焼物の里を訪ねる

伊万里、有田

春 中級

日本各地に「焼物の里」は数多いが、九州北西部に並ぶ、唐津・伊万里・有田といえば、その筆頭格といっていい。3つの町をめぐって掘り出し物を探し、おまけに自分オリジナルの焼物まで作ってしまおうという旅である。

1日目のメインは唐津焼。博多駅から福岡市営地下鉄と直通運転をしている筑肥線を利用しての移動がベスト。唐津城に上り、焼物が朝鮮半島から渡来してきた玄界灘を見下ろすのもいい。唐津焼の窯元は、唐津市内と周辺に約30件。それぞれのギャラリーで作品を販売している窯が多いが、もちろんひとつとして同じものはない。有田、伊万里でも同様だが、窯元を直接訪ねる場合には、作風などを事前に調べて、ポイントを絞って効率的に回る必要がある。玄界灘の海産物に恵まれた唐津で夜を過ごせないのは残念だが、この日のうちに伊万里まで移動しておくと、翌日の有田での作陶体験に時間の余裕が生まれる。

2日目は午前を伊万里で、午後を有田で、海を渡ってヨーロッパ貴族の羨望を集めたという磁器を探訪する。伊万里焼と有田焼は、ほぼ同じものとされ、江戸時代に伊万里の港から数多く輸出されたことから「イマリ」と呼ばれ、中国を経て遠くアジア、ヨーロッパでも珍重された。のちに地元に戻った当時の名品は「古伊万里」と称され、伊万里市内の伊万里・有田焼伝統産業会館、有田町の佐賀県立九州陶磁文化館などで見ることができる。

有田町内での作陶体験は6軒の工房で行われており、時間や経験に合わせて有田観光協会で紹介してくれる。

3日目は、まず門司港へ。駅周辺は門司港レトロ地区として整備され、旧門司税関や旧三井門司倶楽部など明治、大正期の建物が当時の姿そのままに一般公開されている。また、門司はバナナの叩き売り発祥の地で、記念碑が建てられ、時折実演販売も行われている。鉄道好きなら外せないのは、2003年にオープンした九州鉄道記念館だろう。車両展示場には、九州各地で活躍したC59形蒸気機関車1号機など、合わせて8両が静態保存されている。

最後は、下関で下車。名物のフグ刺しを注文したい。さて、その皿には何焼が使われているのか？

1日目

広島	発	625	山陽本線
新山口	着	924	乗り換え
	発	940	山陽本線
下関	着	1045	乗り換え
	発	1048	山陽本線
門司	着	1055	乗り換え
	発	1107	鹿児島本線快速
博多	着	1222	乗り換え
	発	1249	地下鉄空港線(290円)
姪浜	着	1308	(※直通)
	発	1309	筑肥線
唐津	着	1410	唐津焼探訪
	発	1718	唐津線・筑肥線
伊万里	着	1811	宿泊

2日目

伊万里			伊万里焼探訪
	発	1306	松浦鉄道(410円)
有田	着	1331	有田焼探訪・作陶体験・宿泊

3日目

有田	発	920	佐世保線・長崎本線
鳥栖	着	1044	乗り換え
	発	1109	鹿児島本線準快速
門司	着	1300	乗り換え
	発	1302	山陽本線
下関	着	1308	フグ刺し
	発	1508	山陽本線快速シティーライナー
広島	着	1852	

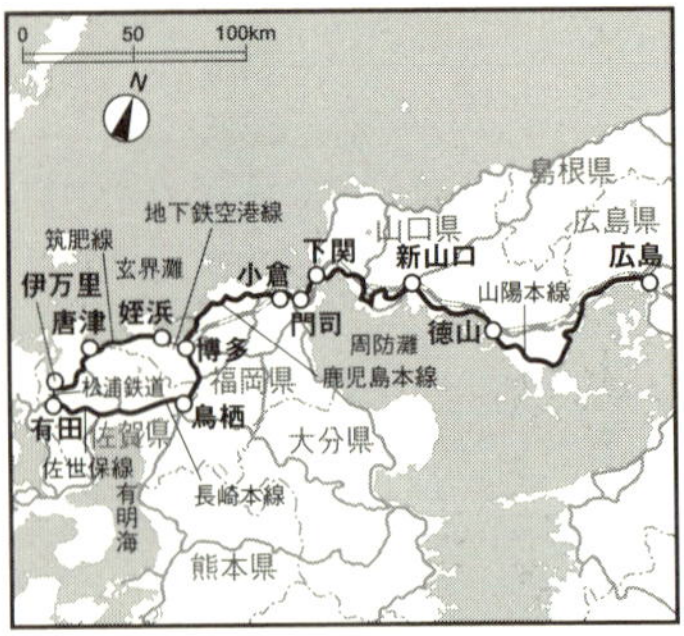

旅のポイント

①唐津・伊万里・有田を周遊。
②有田では作陶体験にもチャレンジ。
③下関でフグ刺しを味わう。

57 広島 ▶ 松山、別府

冬 中級

有名温泉地をめぐる瀬戸内周遊の旅

1日目、瀬戸大橋を渡って四国入りでは、坂出乗り換えではなく、あえて高松まで乗り込んで、本場の讃岐うどんを味わおう。ここから松山へは瀬戸内海を南から眺めての旅。道後温泉は松山市内から路面電車ですぐ。夜に浮かび上がる道後温泉本館の姿が印象深い。2日目、八幡浜へは内子の古い町並みを垣間見る内子線経由も魅力があるが、伊予灘沿いを走る予讃線を選択。途中にある下灘駅には「青春18きっぷ」のポスターとなった風景が待っている。3日目朝、ちょっと早起きして別府の街を歩いてみよう。日豊本線では瀬戸内海を眺めて北上する。

1日目

広島	発	702	山陽本線
岡山	着	1000	乗り換え
	発	1023	宇野線・瀬戸大橋線・予讃線快速マリンライナー21号
高松	着	1117	讃岐うどん
	発	1213	予讃線快速サンポート南風リレー号
松山	着	1711	道後温泉本館・宿泊

2日目

松山	発	911	予讃線
下灘	着	949	(※下車はしない)
八幡浜	発	1115	観光（※フェリーへ）
八幡浜港	着	1300	宇和島運輸
別府港	発	1540	観光・宿泊

3日目

別府	発	957	日豊本線
宇佐	着	1057	乗り換え
	発	1129	日豊本線・山陽本線
門司	着	1316	門司港レトロ
	発	1541	山陽本線
下関	着	1548	乗り換え
	発	1551	山陽本線
広島	着	1956	

旅のポイント

①道後温泉本館で古湯の趣にひたる。
②別府温泉で湯けむりに包まれる温泉街を実感。
③本州・四国・九州から瀬戸内海を眺望を楽しむ。

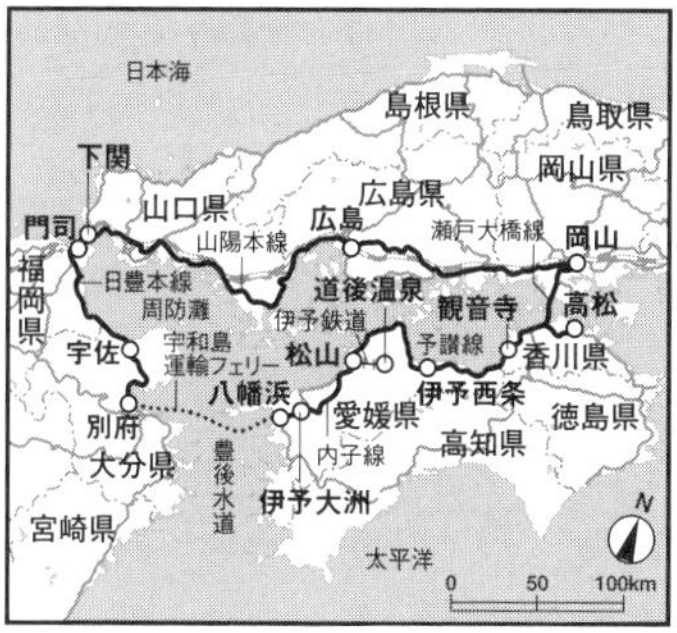

58 博多

神話の里を訪ねて九州横断の旅

高千穂、高森

夏　中級

神話の里・高千穂を訪ねる旅だが第1の難関は佐伯~延岡間。日中に普通列車が走らないので泣く泣く特急に乗る。延岡からは山間の国道をバスが高千穂へと登って行く。高千穂バスセンターに到着後、町営バスに乗り換え、天岩戸神社へと一気に向かう。宿に入るのはその後で、夕食の後、高千穂神社境内で観光神楽を楽しむ。2日目は熊本行きの高速バスに乗車。「一気に熊本へ」ではなく、阿蘇山南麓の高森町で下車。高森始発の南阿蘇鉄道・トロッコ列車で爽快な南阿蘇高原の眺めを楽しむ。終点・立野からは豊肥本線が熊本へと運んでくれる。

1日目

博多	発	600	鹿児島本線
小倉	着	731	乗り換え
	発	737	日豊本線
大分	着	1030	乗り換え
	発	1049	日豊本線
佐伯	着	1225	乗り換え
	発	1305	日豊本線特急にちりん11号（2500円）
延岡	着	1402	乗り換え
延岡駅前バスセンター	発	1430	宮崎交通バス（1710円）
高千穂バスセンター	着	1600	乗り換え
	発	1602	高千穂町営バス（300円）
岩戸（天岩戸神社前）	着	1617	天岩戸神社参拝
	発	1726	高千穂町営バス
高千穂バスセンター	着	1741	宿泊・夜神楽見学

2日目

高千穂			高千穂神社・高千穂峡散策
高千穂バスセンター	発	1046	宮崎交通高速バス（1280円）
高森中央	着	1154	乗り換え・昼食
高森	発	1333	南阿蘇鉄道トロッコ列車（970円）
立野	着	1419	乗り換え
	発	1433	豊肥本線
肥後大津	着	1445	乗り換え
	発	1452	豊肥本線
熊本	着	1528	熊本観光
	発	1739	鹿児島本線
羽犬塚	着	1855	乗り換え
	発	1906	鹿児島本線快速
博多	着	1958	

旅のポイント

①高千穂で天岩戸神社・夜神楽を見学。
②南阿蘇鉄道のトロッコ列車に乗車。
③熊本観光で旅のしめくくり。

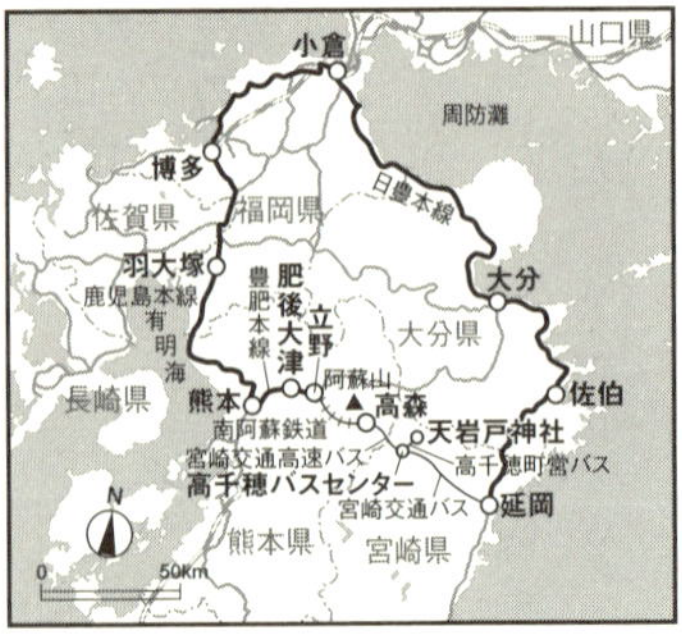

59 博多

温泉と修験道の山身も心も清める旅

別府、英彦山

春

中級

何かとストレスの多い現代人に、春の陽射しの中で心身を清める旅の提案。この旅は朝、目覚めて天気が良いのを確認してからの出発で間に合う。１日目は別府温泉。砂風呂で、共同浴場めぐりで、まずはゆっくりと体を癒す。駅から近くて訪れやすく、歴史も古いのが駅前高等温泉だ。並湯が１００円、高等湯は３００円で入浴できる。同じ敷地ながら、並湯は弱アルカリ単純泉、高等湯は中性単純泉とそれぞれ泉質が違うのもおもしろい。高等温泉は個室なら２５００円、大広間の相部屋なら１５００円で宿泊もできる。もちろん、駅前のビジネスホテルにも温泉が引かれているところがほとんどだ。

２日目、スッキリとした体で向かうのは修験道の山として知られる英彦山。その前に昼食は、久大本線と日田彦山線との接続駅・夜明の２つ手前、日田で摂ろう。森林資源の集積地だった日田市は、かつて天領で、周辺の大名領に比べて年貢が安かったことなどから、庶民の生活にゆとりもあり、さまざまな文化を発展させた。当時の書画などは、天領日田資料館に展示されている。

一方、日田の食文化は、筑後川の清流と、湧き出す天然水によって育まれた。アユ料理や豆腐などの名店が、市内に点在している。また、良質な水を使った日本酒の蔵元も多く、ミネラルウォーターには、全国に知られたブランドもある。

日田彦山線に入ると、車窓の眺めはしだいに神々しい山々の風景に変わる。彦山駅から路線バスで10分ほど、いよいよ英彦山への入り口に達する。英彦山は祭神が天照大神（あまてらすおおみかみ）の子・天忍穂耳命（あめのおしほみみのみこと）だったことから「日の子の山」、日子山と呼ばれ、それが転じて彦山、さらに江戸期の院宣によって「英」の慶字を与えられ、英彦山になったという。古来、九州・西国一円から信仰を集め、羽黒（山形県）、熊野（和歌山県）と並び、日本三大修験と称された。本来は銅の鳥居から長い石段を登らなければならないのだが、帰りの時間の関係でスロープカーを利用する。清めた体が拍子抜けする位、ラクラクと英彦山神宮奉幣殿に到着。しかし、修行の精神は変えず、一心に参拝して心を清めよう。帰路、花公園の花々が新鮮な輝きで迎えてくれる。

1日目

博多	発	1003	鹿児島本線快速
小倉	着	1112	乗り換え
小倉	発	1122	日豊本線
柳ヶ浦	着	1248	乗り換え
柳ヶ浦	発	1308	日豊本線
別府	着	1410	※別府観光・宿泊

2日目

別府	発	707	日豊本線
大分	着	722	乗り換え
大分	発	728	久大本線
由布院	着	835	乗り換え
由布院	発	924	久大本線
日田	着	1030	乗り換え※昼食
日田	発	1203	日田彦山線
彦山	着	1246	乗り換え
彦山駅		1316*月・水・木曜　添田町営バス（200円） （1419*火・金・土・日曜）	
銅の鳥居		1328乗り換え	
英彦山幸駅		1340英彦山スロープカー（幸駅→花駅→神駅　往復券800円）	
英彦山神駅		1408※英彦山神宮奉幣殿参拝	
英彦山神駅		1440英彦山スロープカー	
英彦山花駅		1448※花公園散策	
英彦山花駅		1550英彦山スロープカー	
英彦山幸駅		1558乗り換え	
銅の鳥居		1616添田町営バス	
彦山駅		1628乗り換え	
彦山	発	1649	日田彦山線
日田	着	1727	乗り換え
日田	発	1822	久大本線
久留米	着	1930	乗り換え
久留米	発	1935	鹿児島本線
博多	着	2029	

旅のポイント

①別府温泉で疲れを癒し、身を清める。
②修験道の拠点・英彦山神宮で心を清める。
③英彦山花公園で清い心身で花散歩。

60 博多

呼子、久留米

冬

初級

朝市の賑わいからイルミネーションの街へ

博多からの日帰り旅。まずは、呼子の朝市へと繰り出そう。市営地下鉄直通の筑肥線を使えば、8時半には呼子へ。日本三大朝市にも数えられる呼子の朝市は、朝7時過ぎから11時ごろまでだから十分に間に合う。休みは元旦のみという名物朝市だ。一方、久留米では毎年11月3日から1月中旬まで「ほとめきファンタジー」を開催。２００５年から始まったこのイベント、市内中央を走る明治通りを約１㎞にわたり30万個もの電球によるイルミネーションが。光のファンタジーの中をのんびり六角堂広場に向かい、屋台で久留米ラーメンを楽しもう。

1日目

博多	発	621	福岡市営地下鉄・筑肥線
唐津	着	752	乗り換え
唐津大手口	発	805	昭和自動車バス(730円)
呼子	着	835	朝市買出し
	発	1048	昭和自動車バス
唐津大手口	着	1108	唐津観光※昼食
唐津	発	1258	唐津線
佐賀	着	1408	乗り換え
	発	1452	長崎本線
鳥栖	着	1517	乗り換え
	発	1528	鹿児島本線
久留米	着	1536	久留米観光・ほとめきファンタジー見物
	発	2000	鹿児島本線準快速
博多	着	2041	

旅のポイント

①呼子朝市で年末・年始の買い出しを。
②久留米の「ほとめきファンタジー」見物。
③久留米の屋台でお腹も満たす。

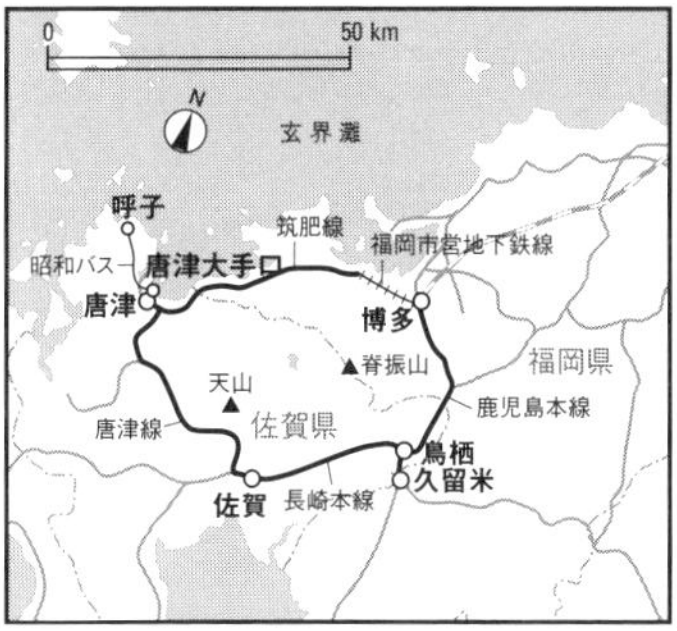

61 博多 ▼ 佐世保、長崎

夏

初級

海の景観と街並を楽しむ長崎

入り組んだ海岸線と小島が連なる長崎県の２つの都市、長崎と佐世保を巡る。博多を８時に発てば、佐世保には11時前に到着。８時18分発の列車なら、「ムーンライト九州」にも接続しているので、本州から向かう人も活用できる。但し、「ムーンライト九州」は８月28日までの運行なので要注意。佐世保では、展海峰の展望台から九十九島の絶景を見ておこう。展海峰へは、佐世保駅からバスで35分。佐世保からシーサイドライナーに乗れば、乗り換えなしで長崎に到着。稲佐山から市街の夜景を楽しみたい。２日目は長崎でのフリータイムを確保。

1日目			
博多	発	811	鹿児島本線快速
鳥栖	着	844	
	発	857	長崎本線
肥前山口	着	939	
	発	944	佐世保線
早岐	着	1040	
	発	1044	佐世保線
佐世保	着	1056	観光（展海峰など）
	発	1631	快速シーサイドライナー
長崎	着	1812	観光（稲佐山など）
2日目			
長崎			観光
	発	1702	長崎本線
鳥栖	着	1949	
	発	2009	鹿児島本線準快速
博多	着	2041	

旅のポイント

①長崎・佐世保で小島の美しさを堪能。
②2日目は夕方まで長崎観光。
③展海峰、稲佐山。ふたつの展望スポットへ。

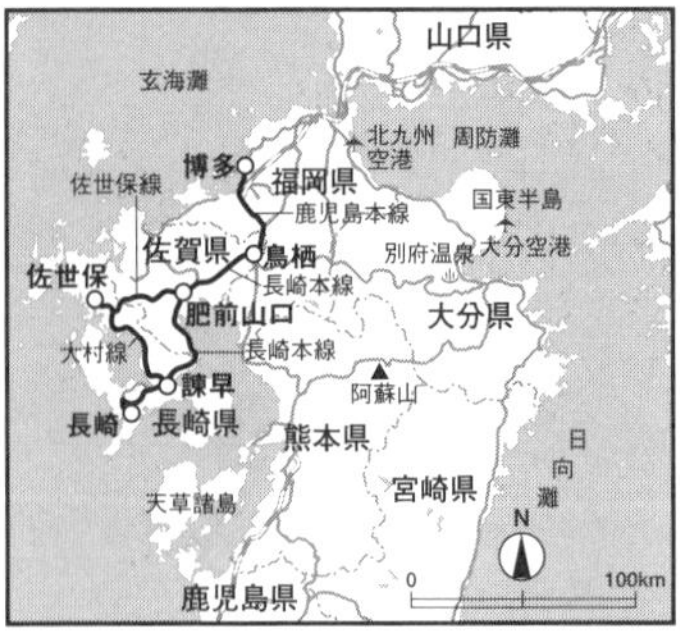

62 博多 → 熊本、阿蘇、宮崎、鹿児島

春　中級

馬刺・阿蘇牛・地鶏・黒豚　九州のうまか肉グルメ

「海の幸グルメ」があるなら、「肉グルメ」もあっていいだろうということで、九州版・肉大好き旅の登場である。

されば1日目は熊本で馬刺を、しかるのち今度は阿蘇牛を、と馬・牛の肉に挑戦。熊本の馬刺は、加藤清正の時代からの伝統を誇るという。牛に勝るとも劣らないほどの霜降りも生産され、市内には馬肉料理店も多い。熊本からは豊肥本線で阿蘇へ。途中、阿蘇外輪山唯一の切れ目・立野で、線路はスイッチバックを使って急勾配をよじ登る。阿蘇山麓で放牧された牛の肉がおいしいのは、火山が造った黄土が、牛の体質改善に役立つ成分を含んでいたためだという。阿蘇では腹ごなしに阿蘇山へと登ってみよう。ロープウェイで、雄大な阿蘇の景色を堪能しよう。山麓には、阿蘇のもうひとつの恵み、良質の温泉があちこちに湧き出ている。夜は温泉宿で、疲れた胃腸と足腰を、ゆっくり癒しておこう。

2日目は宮崎地鶏。鍋でも鉄板焼でも、お好きなスタイルで。ただし、ここでは移動に注意をひとつ。阿蘇～大分、大分～延岡は昼間の普通列車での接続が極めて難しい。したがって、それぞれに別途運賃と自由席特急料金を支払って、特急を使ってカバーする。そうやってたどり着く宮崎地鶏だけに、じっくり心して味わっていただきたい。いまや一大観光スポットとなった宮崎県庁は、外観だけでも押さえておきたい。

3日目は鹿児島黒豚。九州新幹線を利用することで、時間の余裕もある。西郷さんやNHK大河ドラマのヒロインになった篤姫の足跡なども一緒に味わうのが、旅の楽しさというものである。

1日目

博多	発	723	鹿児島本線
熊本	着	952	熊本城・馬刺ランチ
	発	1230	豊肥本線
肥後大津	着	1303	乗り換え
	発	1310	豊肥本線
阿蘇	着	1407	乗り換え
阿蘇駅前	発	1415	産交バス(540円)
阿蘇山西駅	着	1455	乗り換え
阿蘇山ロープウェイ			(8分間隔・片道約4分、往復1000円)
阿蘇山西駅	発	1700	産交バス(540円)
阿蘇駅前	着	1733	宿泊・阿蘇牛夕食

2日目

阿蘇	発	943	※九州横断特急2号(1420円)
豊後竹田	着	1023	乗り換え・市街散策
	発	1152	豊肥本線
大分	着	1311	乗り換え
	発	1322	日豊本線
佐伯	着	1442	乗り換え
	発	1508	※特急にちりん15号(2000円)
延岡	着	1607	乗り換え
	発	1638	日豊本線
宮崎	着	1807	宿泊・宮崎地鶏料理

3日目

宮崎	発	840	日豊本線・鹿児島本線
鹿児島中央	着	1127	西郷さん散策・黒豚料理
	発	1548	※九州新幹線つばめ16号
新八代	着	1627	乗り換え
	発	1659	鹿児島本線
羽犬塚	着	1855	乗り換え
	発	1906	鹿児島本線快速
博多	着	1958	

旅のポイント

①熊本・阿蘇で、馬刺に阿蘇牛を。
②宮崎にわたって、宮崎地鶏。
③最後は鹿児島黒豚で締める、肉&肉の旅。

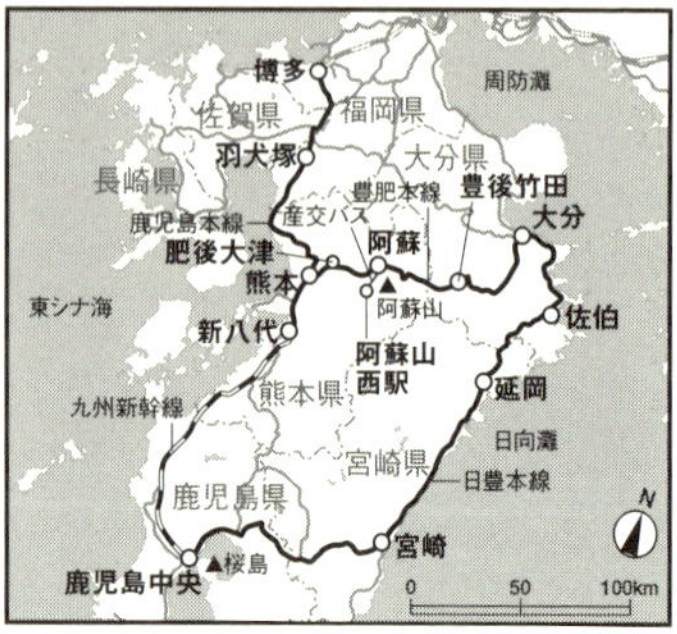

63 博多 ▶ 指宿、開聞岳

冬 初級

開聞岳登山を楽しむ菜の花列車の旅

薩摩半島にそびえる開聞岳は「薩摩富士」と呼ばれる美しい山である。新八代〜川内間は旧鹿児島本線の肥薩おれんじ鉄道を利用。八代海と天草の島々の眺めを楽しむ。鹿児島〜指宿間は特別快速なのはなDX。こちらは錦江湾と桜島の景色を。展望スペース付きの指定席車両もあるので利用してみたい。指宿で温泉を楽しんだら、翌日は開聞岳にアタック。開聞駅からそのまま歩き始めてもいいが、多少なりとも楽をするならバスで登山口へ。登り2時間半、下り1時間半。指宿の足湯で疲れを癒し帰路へ。鹿児島中央〜新八代は新幹線なら34分である。

1日目

博多	発	632	鹿児島本線
熊本	着	910	乗り換え
	発	912	鹿児島本線
新八代	着	942	乗り換え※駅弁
	発	1014	肥薩おれんじ鉄道(八代〜2550円)
川内	着	1257	乗り換え
	発	1322	鹿児島本線
鹿児島中央	着	1406	乗り換え
	発	1540	指宿枕崎線特快なのはなDX7号
指宿	着	1639	指宿観光・宿泊

2日目

指宿	発	713	指宿枕崎線
開聞	着	742	乗り換え
開聞駅前	発	753	鹿児島交通バス(150円)
開聞岳登山口	着	757	開聞岳登山
	発	1305	鹿児島交通バス
開聞駅前	着	1310	乗り換え
開聞	発	1408	指宿枕崎線
指宿	着	1436	乗り換え※温泉・足湯
	発	1515	指宿枕崎線
鹿児島中央	着	1628	乗り換え
	発	1656	九州新幹線つばめ18号(5330円)
新八代	着	1730	乗り換え
	発	1736	鹿児島本線
大牟田	着	1910	乗り換え
	発	1914	鹿児島本線
博多	着	2109	

旅のポイント

①薩摩富士・開聞岳を登破する。
②指宿温泉に宿泊、砂蒸し・足湯でゆったり過ごす。
③特快なのはなDXからは錦江湾の眺めを。

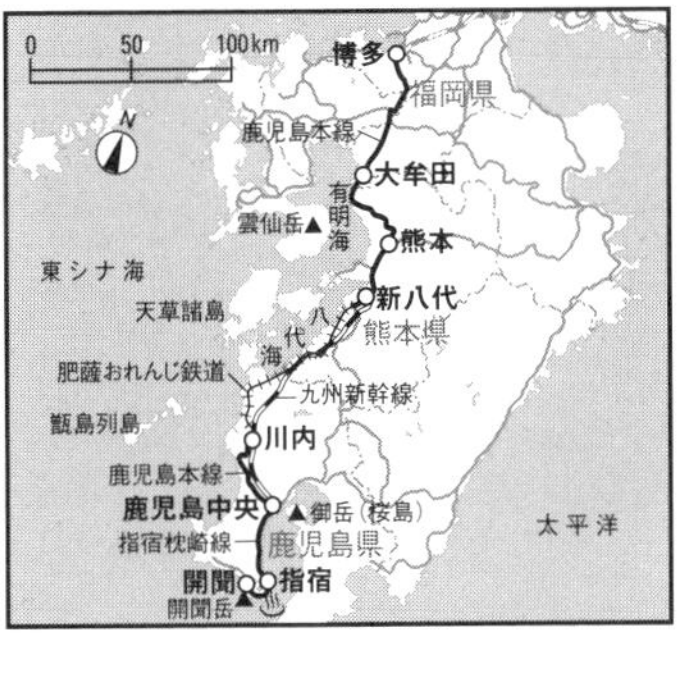

18きっぷこぼれ話

『青春18きっぷ』の歴史

『青春18きっぷ』の歴史は、ＪＲ各社の前身の国鉄時代にさかのぼる。１９８２年春、『青春のびのび18きっぷ』として発売されたものが、現在の『青春18きっぷ』のルーツ。当時は１日券３枚＋２日券１枚（計５日分）の４枚綴りで８０００円。「普通列車自由席に乗り降り自由」という基本ルールはこの時に定められた。

同年夏、１日券４枚＋２日券１枚（計６日分）にボリューム・アップされ、価格も１万円に。このスタイルのまま１９８３年春に『青春18きっぷ』と改称された。

１９８４年夏、１日券５枚（計５日分）となり、１９８６年冬には１万１０００円に、１９８９年の消費税（３％）の導入にともない、同年夏から１万１３００円に値上げされた。

現在の５回分が１枚のスタイルになったのは１９９６年春から。消費税引き上げ（５％）後の１９９７年夏、１万１５００円となり、現在に至っている。

もともと『青春のびのび18きっぷ』は、「18歳の青春の心をいつまでも持ち続ける旅を」という趣旨でネーミングされたという。

登場当初は、金銭面に余裕はないが自由な時間ならある、という若者の利用が多かった。しかし、最近では「利用者の60％以上が、40代以上の中高年世代」というＪＲグループのデータもあるように、時代に合ったさまざまな使い方がなされているといえるだろう。

PART 3

「青春18きっぷ」で乗りたい旅情ローカル線

日高本線の汐見－富川駅間の車窓

海を楽しむ

四方を海に囲まれた日本では、
ローカル線も楽しい。
宗谷本線では北の果ての日本海、
日高本線は太平洋。
予讃線では波穏やかな瀬戸内海の
そよ風と遊ぶ。
なかでも五能線は
白神山地と日本海の狭間を走り、
北の果ての
荒涼とした風景を楽しめる。

宗谷本線

車窓から眺める、最果ての海

DATA

(営業km)：旭川(北海道)～稚内(北海道)259・4km
駅数：53駅　**複線区間**：旭川～新旭川 3.7km　**電化区間**：旭川～新旭川 3.7km　新旭川～稚内は非電化

日本最北のこの鉄道では、音威子府《おといねっぷ》～稚内間の乗車がおすすめだ。北海道で一番小さな村、音威子府を出ると列車は天塩川に沿って走る。この川は堰などの人工物や護岸工事が少なく、自然の雄大な流れを車窓からも存分に楽しめる。幌延は酪農が盛んな町。広い牧草地でのんびり草を食む牛の姿が目立つ北海道らしい風景が続く。行く手には広大なサロベツ原野が続き、その中心にあたる豊富に停車。夏の開花期なら途中下車してサロベツ湿原も散策したい。列車はさらに熊笹の原野を高台へ。抜海を出たら車窓左手に注目だ。どこまでも青い海にポッカリ浮かぶ利尻富士。利尻・礼文島が夢の浮島と呼ばれる理由がわかるような光景に出会える。天気に恵まれたなら午前中に乗車しよう。そして、最果ての街、稚内へ。駅のそばには、かつて樺太への連絡線が出ていた場所に作られた巨大な防波堤ドームや、利尻島、礼文島に渡るフェリーターミナルが。稚内公園に登れば、「氷雪の塔」の向こうにオホーツク海と、遠くサハリンの島影を見ることができる。

日高本線

磯の香漂う優駿のふるさとを行く

DATA

区間（営業km）：苫小牧（北海道）～様似（北海道）　146・5km　**駅数**：29駅　**複線区間**：なし（全線単線）　**電化区間**：なし（全線非電化）

日高本線の沿線は言わずと知れたサラブレッドの産地。苫小牧から勇払原野を抜けると、線路のすぐ脇にも牧場が点在しており、仔馬が生まれる春頃からは母馬と戯れる愛らしい姿が車窓からも眺めることができる。また、〝ししゃも〟の水揚げで有名な鵡川から先は太平洋の海辺を走る区間が多い。ホームから海が眺められる小さな無人駅・大狩部駅はそのロケーションの良さからテレビドラマの撮影にも使われたほど。車窓から見えるキラキラ光る海の美しさに思わず釘づけになってしまう。夏の天気がよい日なら、この辺りからは、玉砂利が敷き詰められた浜に昆布を干している風景が目に入る。この風景は、日高本線のハイライトのひとつ。このあたりで採れる昆布は日高昆布（三石昆布）と呼ばれ、利尻昆布や羅臼昆布よりも細長いのが特徴だ。日高三石や浦河からは遠く日高山脈を望み、海に浮かぶ親子岩を見ながら、終点の様似に到着。日高本線の列車に揺られた後は、のんびり海岸を歩いてみよう。有名な襟裳岬まではバスで1時間ほどだ。

世界遺産・白神山地を走る、海を見下ろす絶景列車

五能線

DATA

（営業km）：東能代（秋田県）～川部（青森県）　147・2km　**駅数**：43駅　**複線区間**：なし（全線単線）　**電化区間**：なし（全線非電化）

世界遺産、白神山地の懐に抱かれながら日本海沿いを走るローカル線の旅。車窓には、海岸線が間近に迫り、津軽富士と称される岩木山が眺められるなど、旅人を飽きさせることがない。運転本数が少なく、青春18きっぷでは乗りにくいと思われがちな五能線では、快速「リゾートしらかみ」の利用がおすすめ。秋田と青森（一部弘前）を五能線経由で結ぶ観光列車で、2両がリクライニングシート、1両がフルフラットにもなるボックスシートの3両編成。いずれの車両も窓が大きく、車窓を存分に楽しめる。岩館～大間越間ほか、海が見下ろせるビューポイントではスピードを落として走行してくれる。運転席の後ろにはフリースペースの展望ラウンジが設けられ、津軽三味線演奏などのイベントが行われることも。「リゾートしらかみ」は全車指定席なので事前に予約が必要だが、指定席券（510円）を購入すれば青春18きっぷでも乗車できる。1日3往復運転されるが、臨時列車なので旅行のスケジュールを組む前に運転日を必ず確認しよう。

瀬戸内海の穏やかな海を臨む、小さな無人駅を訪ねる

予讃線

DATA

区間（営業㎞）：高松（香川県）～宇和島（愛媛県）297・6㎞　**駅数**：88駅　**複線区間**：高松～多度津　**電化区間**：高松～伊予市

予讃線は高松から瀬戸内海に沿って松山を経由し、宇和島へと向かうJR四国のメインルート。ここでは、バイパス的存在の内子線の開通で普通列車しか通らなくなってしまった、松山から伊予長浜経由で伊予大洲までの区間を紹介したい。夏目漱石の「坊ちゃん」と「道後温泉」で有名な松山は路面電車の路線にSLを模した「坊ちゃん列車」が復活している（時刻は要確認）。松山を十分楽しんだら予讃線のディーゼルカーに揺られよう。伊予市の次の向井原で内子線と分岐し、高野川付近から海に近づく。瀬戸内海に浮かぶ島影の美しさにうっとりしているとやがて下灘に到着。海が眺められる小さな無人駅だが、ここは「青春18きっぷ」の宣伝ポスターに度々登場した駅。小さな駅のベンチと瀬戸内海の穏やかな景色が旅情を誘うのだ。最近はこの駅を訪れる18きっぷファンが増えている。潮風をたっぷり浴びた列車は伊予長浜を過ぎると肱川に沿って山へ向かい、伊予の小京都と呼ばれる城下町の伊予大洲へ到着する。

大糸線（南小谷〜中土）

山を楽しむ

「高原列車」の愛称がある小海線。
八ヶ岳の裾野を、
のんびり走る列車は、
四季の風を感じさせる。
大糸線は「アルプス列車」。

3000mの日本アルプスの麓の
田園地帯をひた走る。
車窓の友は万年雪のアルプスだ。

スイッチバックが有名な豊肥本線。
阿蘇の麓で、九州の旅情を満喫！

高原列車で日本の鉄道最高地点へ

小海線

DATA

区間（営業km）：小淵沢（山梨県）～小諸（長野県）78・9km

駅数：31駅　**複線区間**：なし（全線単線）　**電化区間**：なし（全線非電化）

「八ヶ岳高原線」の愛称を持ち、多くのハイカーや観光客に親しまれている。小淵沢を出発すると右手に八ヶ岳、左手に南アルプスの雄大な風景が広がる。通称〝大曲り〟と呼ばれる右への大カーブの勾配を登りながら進んでいく。清里を過ぎ、山梨県から長野県に入ると踏切を通る。ここが標高１３７５メートルのＪＲ線鉄道最高地点で、車窓左手に碑が建っているのが見える。次の野辺山が駅としての最高地点。かつてここを走ったＣ56形蒸気機関車は「高原のポニー」と呼ばれていた。今では気動車が軽快に勾配を登るが、当時はゆっくりと生き物のようにＳＬが走っていた。次の信濃川上に着くと千曲川と出会う。ここから終点の小諸まで千曲川とほぼ平行して走る。途中、武田信玄ゆかりの地や、北海道の五稜郭とともに日本に二つしかない星型洋風城郭の龍岡城址など、史跡も多い。また、２００７年にデビューしたハイブリッド気動車が投入され、小淵沢～野辺山間の臨時列車を中心に運転されているので一般の気動車と乗り比べてみるのも面白い。

トンネル内ホーム、ループ線…楽しみ満載の日本有数の山岳路線

上越線

DATA

区間（営業km）：高崎（群馬県）～宮内（新潟県）162・6km **駅数**：35駅 **複線区間**：全線複線 **電化区間**：全線

上越新幹線開業までは首都圏と新潟を結ぶ大動脈で、特急「とき」を始めとする主要列車が多数走っていた。現在はすっかりローカル線になり、上越線を全区間通して走る特急・急行は昼間は1本もない。渋川から勾配を登っていくと左手に榛名山麓のパノラマが広がり夕暮れ時や夜景は特に美しい。尾瀬への玄関駅である沼田を過ぎ、正面に谷川岳が迫ってくると左手には利根川の流れが造った諏訪峡の渓谷美が見られる。水上を過ぎると上越線のハイライト区間。川端康成の「雪国」で有名になった清水トンネル（上り線）、その前後のループ線（上り線）、新清水トンネル内にホームがあり、改札口まで10分ほどかかる土合駅（下り線）と、楽しみが満載だ。下りと上りでは趣がまったく違うのでぜひ両方に乗りたい。長いトンネルを出ると新潟県。米どころらしい水田の向こうには八海山が姿を現す。やがて魚野川が近づき、四尺玉の上がる花火大会で有名な小千谷を過ぎれば終点宮内はもう近い。

美しく険しい、雄大な北アルプスの山並みに魅せられる

大糸線

DATA

区間（営業km）：松本（長野県）～糸魚川（新潟県）105・4km　**駅数**：42駅　**複線区間**：なし（全線単線）　**電化区間**：松本～南小谷

大糸線は千国街道（塩の道）に沿って信州松本と日本海沿いの糸魚川を結び、南小谷を境に大きく車窓風景が変わる。南部は山に見守られながら盆地を走り、北部は荒々しい渓谷を貫く。松本からしばらくは北アルプスの雄大な姿を見ながら水田の中を進む。いわゆる〝安曇野〟と呼ばれる地域でわさび田、美術館などが有名だ。残雪が山々を飾る季節は特に美しく、小さな道祖神が優しく微笑む姿が列車からも見られる。立山黒部アルペンルートの入口となる信濃大町を過ぎると山々がグッと迫り、仁科三湖（木崎湖・中綱湖・青木湖）を横目に、白馬、八方、栂池などの有名スキー場近くを通る。南小谷からはさらに山深くなり列車の運転本数は激減する。国鉄時代の塗装に戻した旧型気動車が3両活躍しており、色濃くローカルムードが漂う。自然の美しさと厳しさを感じる姫川の荒々しい景色は一見の価値あり。姫川の渓谷にディーゼル音をこだまさせて列車は力強く走る。やがて軽快に勾配を下りはじめると、まもなく終点の糸魚川駅だ。

汽笛を鳴らして山間を走り抜けるSLが大人気

磐越西線

DATA

区間(営業㎞):郡山(福島県)~新津(新潟県) 175・6㎞ **駅数**:42駅 **複線区間**:なし(全線単線) **電化区間**:郡山~喜多方 81・2㎞

「森と水とロマンの鉄道」の愛称を持つ磐越西線は、自然豊かで四季を通じて旅人を楽しませてくれる路線だ。郡山から磐梯熱海を過ぎると山が深くなる。中山峠手前の中山宿は１９９７年までスイッチバックの駅であったが、現在はホームと待合室だけの無人駅。川桁付近では、その美しさから天鏡湖の別名を持つ猪苗代湖が眺められ、やがて右手には磐梯山が姿を見せ始める。高原のような風景が続く中、山麓の勾配を緩やかに下るためのカーブが続き、左右の車窓に磐梯山が姿を現す。会津盆地に足を踏み入れると鶴ケ城や白虎隊で知られた会津若松に到着。ここで進行方向が変わり、蔵とラーメンの街、喜多方へ。ここから先は再び山深く、列車は阿賀野川の水面に姿を映しながら新津へと向かう。なお、会津若松~新潟間には「ＳＬばんえつ物語」が4月~11月の土曜・休日を中心に運転されており(運転日は要確認)、山間に響く蒸気機関車の汽笛を聞きながらの旅も楽しい。全車指定席だが、５１０円の指定席券を購入すれば青春18キップでも乗車可能。

豊肥本線

阿蘇カルデラの地球の息吹を車窓から感じる

DATA

区間（営業km）：熊本（熊本県）～大分（大分県）　１４８・０km　**駅数**：37駅　**複線区間**：なし（全線単線）　**電化区間**：肥後大津～熊本　大分～肥後大津は非電化

世界最大級といわれる阿蘇のカルデラを走る豊肥本線は立野～阿蘇間が車窓のハイライト。肥後大津を過ぎると列車は徐々に勾配を登り、阿蘇の外輪山が見え立野に到着。この駅からは、阿蘇山の南（南郷谷）を走り高森へと向かう第3セクターの南阿蘇鉄道が連絡している。途中、高さ64・5メートルの第一白川橋梁があり、トロッコ列車の「ゆうすげ号」（運転日は要確認）で谷底を見下ろせばスリル満点だ。乗車の際は立野～高森間、片道運賃４７０円、さらに「ゆうすげ号」利用の場合にはトロッコ専用料金５００円が必要だが、ぜひ乗ってみたい。立野から豊肥本線の列車はスイッチバックで高度を稼ぐ。眼下にはさきほど出発した立野駅が模型のように見え、阿蘇山のカルデラへと入る。その広さに驚くと同時に左手には外輪山の山並が、右手には中央火口丘群が連なり、最も火山活動が活発な中岳が現在も噴煙を上げているのが見える。車窓の美しさに見とれているとカルデラの中にある街、阿蘇に到着。草千里や火口方面へのバスはここから出発する。

天竜川

渓流を楽しむ

山国・日本では、「鉄橋」と「トンネル」がローカル線の典型的な風景だ。鉄橋の下には渓流が流れ、右に左に移りゆくさまは一幅の絵画のようだ。

天竜川に連れ添う飯田線、四万十川の風物を楽しむ予土線。高梁川にそって勾配を上げる伯備線。日本の渓流美を堪能する。

天竜峡へと続く山水画のような絶景を堪能できる渓谷列車

飯田線

DATA

区間（営業km）：豊橋（愛知県）～中部天竜（静岡県）～辰野（長野県）１９５・７km　**駅数**：53駅　**複線区間**：豊橋～豊川　豊川～辰野は単線　**電化区間**：全線電化

飯田線は4つの私鉄を国が買収して出来たため駅の数が多いのが特徴だ。豊橋を出て湯谷温泉まで進むと谷が深くなり、右手には鳳来峡が見えてくる。小さな滝や岩の形が面白く、釣人の姿も見える。城西～向市場間には飯田線で一番長い鉄橋（401メートル）がある。この鉄橋は川を渡るかと思うとカーブして戻ってしまう、通称「渡らずの鉄橋」だ。大嵐からはしばらく天竜川に沿って走る。湖のように穏やかな流れもあり、川幅が狭い渓谷もあり、まるで山水画のような絶景が天竜峡まで続く。ここには天竜ライン下りの舟乗り場があり、川下りを楽しむのもいいだろう。飯田付近からは車窓が一変し、右手に南アルプスを見ながら山里の風景の中を進む。りんごや桃、柿など、果樹園が目立つ。やがて左手に中央アルプスの木曽駒ケ岳も姿を現すと終点辰野はもう近い。距離が長いだけに全区間を乗り通すのは少々辛いかもしれないが、車窓も変化に富み景色は飽きることがない。途中下車を楽しみながらのんびり巡るのがオススメの路線だ。

名もない渓流の美しさに心奪われる車窓の旅

米坂線

DATA

区間（営業km）：米沢（山形県）～坂町（新潟県）90・7km
駅数：20駅　**複線区間**：なし（全線単線）　**電化区間**：なし（全線非電化）

米坂線に乗って気がつくのはひたすら山の中を走っているということだ。しかしトンネルから抜けるたびに現れる川の流れの美しいこと。名もない「自分だけの名所」を見つけて欲しい路線だ。米沢を出た列車からは、やがて田畑の中に農家が点在する〝散居集落〟が見られる。飯豊地方の散居集落は山形の中では規模が大きいので見ごたえがある。羽前椿を過ぎると山が深くなりトンネルと鉄橋の連続だ。米坂線は全区間に渡って四季を通じ風光明媚な路線だが、ハイライトは小国～越後金丸間の赤芝峡辺りで、荒川が断崖の下を蛇行する美しい渓谷だ。新緑や紅葉の季節にはとびきりの景色が広がる。越後片貝を過ぎると温泉でも知られる荒川峡を横目に勾配を駆け下り、越後平野の坂町へ到着する。全区間を通して走る列車は1日に5往復のため、プランニングは米坂線を中心に考えるのが良い。この路線には国鉄時代から使用されているレトロな気動車が走っているが、'08年度中に新型気動車の導入が決まり、米坂線の旅もひと味違ったものになるだろう。

最後の清流〝四万十川〟を渡る風を感じるトロッコ車両

予土線

DATA

区間(営業km):若井(高知県)~北宇和島(愛媛県)76・3km　**駅数**:20駅　**複線区間**:なし(全線単線)　**電化区間**:なし(全線非電化)

土讃線の窪川からひとつ目の若井と予讃線との合流駅、北宇和島を結ぶローカル線で、「しまんとグリーンライン」の愛称がつけられている。列車は基本的に窪川と宇和島を直通運転するが、窪川~若井間は土佐くろしお鉄道へ乗り入れという形になるので、〝青春18きっぷ〟を利用の場合は別途２００円の運賃が必要だ。予土線の見どころは何といっても四万十川の清流に尽きる。ここでぜひ乗りたい列車が「清流しまんと号」だ。1日に1往復、下りは土佐大正~江川崎間、上りは十川~土佐大正間で一般の普通列車に貨車を改造した素朴なトロッコ車両を連結する。この車両ならぞんぶんに風を受けながら、日本最後の清流と呼ばれる四万十川の魅力を列車に乗りながらにして味わえる。漁をする川舟や、洪水でも流されないように造られた欄干のない沈下橋もすぐ近くに感じられる。トロッコの乗車には全車指定席(３１０円)で予約が必要。連結する日や列車は時刻表などで確認を。また、悪天候の場合は乗車できないこともあるので注意。

伯備線

分水嶺の峠を列車で越える

DATA

区間（営業㎞）：倉敷（岡山県）～伯耆大山（鳥取県）138.4㎞　**駅数**：28駅　**複線区間**：倉敷～備中高梁の全区間　井倉～石蟹と新見～布原の一部　**電化区間**：全線

山陽と山陰を繋ぐ重要な路線として発展を続けてきたが、沿線には魅力的なスポットが隠れている。白壁の町並みで知られた倉敷を出ると清音で井原鉄道と合流。さらに総社では吉備線に連絡する。ここからは高梁川に沿って山深くなり、日本一高い標高に建つ備中松山城を右手に眺めながら井倉へ。周辺はカルスト台地で、ぜひ途中下車して井倉洞、満奇洞、羅生門などの自然の芸術を眺めてみたい。さらに列車は高梁川を何度も渡り、車窓の右に左に流れを変える。川が列車の車窓から消えると沿線最大の街、新見へ到着。次の布原は「信号場」であったが87年に「駅」として昇格された。かつて蒸気機関車が走っていた頃にはD51形三重連の名撮影地として知られたところだ。列車は新郷を過ぎ、分水嶺の谷田峠を越える。生山の手前で石見川に出会うと石霞渓が迎えてくれる。春の桜、初夏の山ツツジやキシツツジ、秋の紅葉は特に美しい。勾配を下り、右手に大山（伯耆富士）の姿が見えてきた頃、伯耆大山で山陰本線と合流、米子の街はもうすぐだ。

上線ほっとゆだ駅

温泉を楽しむ

老若男女を問わず、
「温泉」は癒しのキーワード。
美食、健康、秘湯ブームに湧く昨今、
ローカル線での温泉めぐりは
いかがだろう。

草津、四万など有名温泉地が連なる
吾妻線。「ほっとゆだ」の駅名が話題
を呼ぶ北上線。
砂むし風呂で有名な指宿へ。
日本にはまだまだ温泉がいっぱいだ。

美しき〝関東の耶馬渓〟と日本の名湯を訪ねる

吾妻線

DATA

区間（営業km）：渋川（群馬県）〜大前（群馬県）55・6km
駅数：18駅　**複線区間**：なし（全線単線）　**電化区間**：全線

沿線には草津、四万、万座といった名湯が多く、温泉好きにはたまらないローカル線。上野からの直通特急も土曜・休日には4本走っている。普通列車は全列車高崎が始終着となっており、首都圏からのアクセスは18きっぷでも便利だ。吾妻線の川原湯温泉付近には〝関東の耶馬渓〟とも称される吾妻渓谷があり、新緑や紅葉の美しさは格別。列車の車窓からの眺めもすばらしい。また、岩島〜川原湯温泉間にはＪＲ線で〝いちばん短いトンネル〟樽沢トンネルがある。全長7.2メートルで、文字通り「あっ」という間に通り過ぎてしまう。しかしこれらの風景は現在建設中の八ッ場《やんば》ダムの完成とともに見納めとなる予定だ。川原湯温泉は昭和の香りを残した風情ある温泉だが、残念ながらここはダムの底に沈んでしまうという。共同浴場があるので、ちょっと熱めのお湯にもぜひ浸かっておきたい。川原湯温泉駅から徒歩で10分ほどだ。列車は長野原草津口、万座・鹿沢口を経て終着駅らしいムードが漂う大前へと向かう。

日本最南端の鉄道で名物温泉巡り

指宿枕崎線

DATA

区間（営業km）：鹿児島中央（鹿児島県）〜枕崎（鹿児島県）87・8km　**駅数**：36駅　**複線区間**：なし（全線単線）　**電化区間**：なし（全線非電化）

鹿児島県南部の薩摩半島を時計周りで海岸に沿って走るローカル線。鹿児島中央を出るとほどなく錦江湾と桜島が見えてくる。列車が進むにつれて桜島の表情が変わるのを楽しんでいると中名に到着。いくつもの石油タンクが目に入る。これはタンク数57基、貯油能力735万キロリットルで世界一の規模を誇る新日本石油基地・喜入基地だ。広さは東京ドーム約40個分にも相当し、その沖合いに大きなタンカーが並ぶ光景は圧巻だ。〝砂むし風呂〟で有名な指宿で一風変わった温泉に入ってさっぱりしたら次の目的はJR線最南端の駅、西大山だ。小さな無人駅だが、ドシっとかまえた開聞岳が旅人を迎えてくれる。かつては〝日本最南端の駅〟であったが、沖縄の「ゆいレール」が誕生してその座を赤嶺駅に奪われてしまった。終点の枕崎は〝かつお〟の町。かつてはこの先を鹿児島交通枕崎線（通称南薩線）が加世田、吹上浜を経由して伊集院へと走っていたが、昭和59年に廃止された。枕崎では東シナ海を一望できる枕崎なぎさ温泉へも立ち寄りたい。

北上線

発車時刻を知らせてくれる、ユニークな駅中温泉

DATA

区間（営業㎞）：北上（岩手県）〜横手（秋田県）61・1㎞

駅数：17駅　**複線区間**：なし（全線単線）　**電化区間**：なし（全線非電化）

北上を出発した列車は横川目を過ぎると山々が近くに迫り、和賀川の流れを見ながら走る。やがて右手に錦秋湖が姿を見せ、きれいな水面に目を奪われているとゆだ錦秋湖に着く。駅のすぐ近くに錦秋湖温泉〝穴ゆっこ〟がある。近くに鉱山があったことから、その坑道をイメージして造られたという洞窟風呂がおもしろい。となりの駅、ほっとゆだは、駅の中に温泉があるという変わりダネ。湯船に浸かってまず驚くのは、壁にある鉄道用の信号機。温泉に浸かって帰りの列車に乗り遅れないようにと、発車時刻の45分前には〝青〟が点灯、30分前は〝黄〟、15分前には〝赤〟と変わる仕組みだ。また、さきほどの穴ゆっこも含め、近辺の温泉を総称して湯田温泉郷と呼び、さまざまな温泉が点在している。列車にふたたび戻り、ゆだ高原を過ぎると岩手県から秋田県へと入る。車窓には秋田杉が目立つようになる。10分ほど歩いたところに相野々温泉もあり、時間が許せば寄ってみたいところ。列車は周りの景色が開けて、終点横手に到着する。

山線（北飯山～信濃平）

四季をゆく

暑いところへは暑い季節に、
寒いところへは寒い季節に、
というのが旅行通の旅の指南だ。
観光客は少なく、
本当の地元の素顔に出会えるからだ。

釧網本線は道東を走るローカル線。
キタキツネの足跡や流氷を見る。
飯山線は有数な豪雪地帯を走り、
中央本線では南、中央アルプス
の緑風を浴びながら車窓を楽しむ。

御殿場線

桜、みかん…季節の花の向こうにのぞむ富士の雄姿

DATA

区間（営業km）：国府津（神奈川県）～沼津（静岡県）60・2km　**駅数**：19駅　**複線区間**：なし（全線単線）　**電化区間**：全線電化

童謡「汽車ポッポ」の舞台であるとも言われるこの路線は、東海道本線の丹那トンネル（熱海～函南間）が開通するまで、この御殿場線のルートが東海道本線であった。その過去の栄光は橋梁やトンネルの跡、長い駅のプラットホームなどに見つけることができる。東海道本線と御殿場線の歴史を調べてから列車に乗れば楽しみも倍増するだろう。そして車窓の楽しみは富士山。とにかく富士が大きく見え、改めて日本一の山であることを実感する。足柄～御殿場間から見える富士の姿には息をのむ。また、沿線には花の名所が多く、下曽我駅近くには「曽我梅林」があり毎年2月頃には愛らしい花が春の訪れを告げる。4月頃なら山北駅近くに御殿場線の列車を包み込むような桜のトンネルがあり、車窓からその美しさを眺められる。あまり知られていないが、松田付近にはみかん畑が多く見られ、5月には白い花を咲かせる。季節ごとに楽しみがあり、違う季節に再び訪れたくなる路線だ。終点の沼津では美味しい魚介類も待っている。

首都圏から一番近い桃源郷へ

中央本線

DATA

区間(営業km):[中央東線]東京(東京都)〜塩尻(長野県)、[中央西線]塩尻〜名古屋(愛知県)396・9km　**駅数:**112駅(JR東日本73駅、JR東海39駅)

東京から甲州街道・中山道にほぼ沿って名古屋とを結ぶ幹線だが、ここでは春の甲州路(大月〜甲府間)を紹介したい。大月までは東京近郊区間に含まれ、住宅街なども見られるが、高尾を過ぎると景色は一変する。甲斐大和を過ぎ、大日影トンネルを抜けると勝沼ぶどう郷だ。甲府盆地が眼下に広がり、桃の花がまるでピンクのじゅうたんを敷きつめたかのようだ。遠くには南アルプスの山並みが見える。また、勝沼ぶどう郷駅周辺には多数の桜の木が植えられ、車窓に飛びこむ桜の花に思わず歓声があがる。列車はぶどう畑を横目に勾配を下り、武田信玄にまつわるものが多い塩山に到着。この辺りからはピンクの桃の花や白いプラムの花が線路のすぐ近くに迫ってくる。左手に頭だけ見える富士山も見逃さないように。桃畑の中にあるような無人駅の春日居町駅前には無料の足湯もあり、ちょうどいい休憩スポット。酒折を過ぎ、右手に甲斐善光寺が見えれば甲府はもうすぐ。桃や桜の開花期は4月上旬頃だが、開花期が短いので出かける前には確認を。

花畑、オホーツク海、釧路湿原、動物…北海道の自然がつまった列車旅

釧網本線

DATA

区間（営業km）：網走（北海道）〜東釧路（北海道）　166・2km　**駅数**：27駅　**複線区間**：なし（全線単線）　**電化区間**：なし（全線非電化）

流氷の街、網走から世界遺産に選ばれた知床半島への玄関口、知床斜里までの約40キロはオホーツク海に沿って走る。夏の原生花園に咲き乱れる可憐な花々も美しいが、流氷に覆われたオホーツク海の厳しさは感動的だ。途中の〝オホーツクに一番近い駅〟である北浜には海を一望する小さな展望台が作られ、昔は駅長事務室であった駅舎は喫茶店になっている。海の向こう側に見える知床半島の斜里岳も美しい。北浜を出るとすぐ右手に濤沸湖が現れ、鉄橋の下には白鳥の姿が。この先しばらくは左手にオホーツクの海が見え隠れし、知床斜里から列車は峠を越えて日本最大の釧路湿原に入る。エゾシカやタンチョウ、キタキツネなどの動物達にも遭えるかもしれないのでしっかり外を見ていよう。雪の上の足跡を探しても楽しい。釧網本線には「流氷ノロッコ号」や「くしろ湿原ノロッコ号」「SL冬の湿原号」など、季節のイベント列車が数多く走る。これらの列車は指定席券を購入すれば〝青春18きっぷ〟で乗車できるのでぜひチェックして欲しい。

黄葉、紅葉で染まる北海道の山々に息を飲む

函館本線

DATA

区間（営業km）：函館（北海道）～旭川（北海道）423・1km　駅数：88駅　都市部近郊は複線。大都市内では3、4線に。電化区間：函館～五稜郭、小樽～滝川

北海道の夏は短く、8月半ばを過ぎれば秋の気配。標高の高い山では9月に初冠雪を迎える。北海道の三大ラーメン都市、函館・札幌・旭川を結ぶ函館本線は「かにめし」で全国に名を知られた長万部《おしゃまんべ》から札幌の、通称〝山線《やません》〟と呼ばれる区間に乗りたい。長万部を出た列車は勾配を登り黒松内に到着。ここに歌才ブナ自生北限地があり、約1.2キロの遊歩道を散策できる。10月頃の黄葉の美しさは言葉にできないほど。しかし、車窓から眺める美しい景色も負けてはいない。ニセコに近づくと蝦夷富士こと羊蹄山が綺麗な姿を見せ始める。比羅夫《ひらふ》、倶知安《くっちゃん》と難読駅名が続く辺りから積丹半島の付け根部分を峠で越え、余市に着くまでは紅葉、黄葉の美しい山々の連続。蘭島を過ぎて左に日本海が見えてくるとレトロな街並みの小樽はもう近い。小樽からの函館本線は一気に近代化されて運転本数が増える。かつてニシン漁が盛んであった朝里～銭函間では列車が波打ち際を走り、間近に迫る日本海が〝山線の旅〟を締めくくる。

飯山線

鉄道の原風景を思い出す、豪雪地帯をゆくふるさと列車

DATA

区間（営業㎞）：豊野（長野県）～越後川口（新潟県）96.7㎞　**駅数**：31駅　**複線区間**：なし（全線単線）　**電化区間**：なし（全線非電化）

長野県の豊野から新潟県の越後川口までを結ぶ飯山線は、沿線に戸狩温泉や野沢温泉などの有名スキー場を持ち、北越急行ほくほく線との連絡駅である十日町では大規模な〝雪まつり〟が行われる。日本でも有数の豪雪地帯だ。途中駅の森宮野原は長野県と新潟県との県境にあたり、ここまで車窓を楽しませてくれた千曲川は信濃川と名前を変える。この駅は昭和20年2月に最高積雪量、7m85㎝を記録しており、その標柱が駅構内に建っている。車窓から見える民家は玄関の位置が積雪に合わせて高くなっている。昔は2階から出入りしていたという話も、うなずけるような気がする。窓の外に目をやると時折さす日差しが雪をダイヤモンドのように輝かせている。首都圏を早朝に出発すれば青春18きっぷ1回分で日帰り乗車も可能な飯山線。ふと雪が見たくなったら、列車に飛び乗って出かけるのもいい。暖房のきいた列車の中から小さな駅の除雪作業をしている職員を見つけると、どこか忘れかけていた鉄道の原風景を思い出させてくれる気がする。

18きっぷ
こぼれ話

まず「時刻表」に慣れておこう

『青春18きっぷ』の旅行に欠かせないのが「時刻表」だ。あまり馴染みのない人にとっては、「ただの数字の羅列」「電話帳みたい」などと敬遠する人も少なくないようだが、『青春18きっぷ』の旅行をよりいっそう楽しくするためにも、「時刻表」を見ることに慣れておくことをオススメする。

ＪＲ線の時刻表は、交通新聞社が発行している「ＪＲ時刻表」と、ＪＴＢパブリッシングが発行している「ＪＴＢ時刻表」の２種類が発売されている。ＪＲ線時刻そのものの情報量に大差はないけれど、それぞれ２色刷りや私鉄時刻の充実など、誌面づくりに工夫が見られるので自分に合った本を選ぼう。

また、Ｂ５サイズの「時刻表」は、旅に持って行くにはちょっと重くてかさばる…という方には、持ち運びサイズの時刻表も発売されている。しかし紙面が小さい分、情報量も減ってしまい、臨時列車や乗降人員が少ない駅は割愛されていることもあるので注意が必要だ。

実際の旅行が楽しいのはもちろんだが、家で「時刻表」をめくりながらプランを立てていると、「ここから富士山はみえるかな…」「接続時間が短いけど駅弁は買えるかな…」などと、これから行く見知らぬ土地の空想が広がって楽しいはず。時刻表を〝見る〟のではなく〝読む〟ようになれたら、旅の達人の仲間入りだ。

PART 4

「青春18きっぷ」ファンによる県別口コミ旅情報

北海道

口コミ温泉ベスト3

1 支笏湖温泉（千歳線・千歳駅）
2 糖平温泉（根室本線・帯広駅）
3 豊富温泉（宗谷本線・豊富駅）

●支笏湖を囲む外輪山を露天風呂から一望（支笏湖温泉）。●東大雪の大自然が間近に迫る（糖平温泉）。●なんとお湯には油が浮かぶ。皮膚病に効く（豊富温泉）。

読者の口コミ情報……登別温泉まほろばの湯。湯も良く、広くて最高。（57才・男性）／二股ラジウム温泉は神秘的で気に入っている。（35才・男性）／ニセコ　日本海側229道ソーランラインぞいにある、朝日温泉がおすすめ。ただ行くまでに4キロのダートあり。（33才・男性）／道南の銀婚湯温泉が良かったです。（47才・男性）／川湯温泉、強烈な味？は色々な温泉に行っているけど初めての味でした。健康に良いということです。（65才・女性）／十勝川温泉は泉質が変わっている。（63才・男性）／先日泊まった中殿ホテル↑安くてきれいで宿の方がとても親切!!（24才・女性）／以前、富良野駅下車あしたやに（送迎あり）バースデープラン（誕生日のみ）で格安に泊まりました！（53才・女性）／サッポロアートホテルズ。大浴場のスパ温泉は最高。（49才・男性）

口コミ見どころベスト3

1 サロベツ原野と利尻富士（宗谷本線）
2 釧路湿原（釧網本線・釧路湿原駅）
3 富良野（根室線・富良野駅）

根室の日本最東端で望む北方四島。（49才・

女性）／ニセコ：雪秩父＆甘露の森でお風呂と美食。富良野：ラ・コリーナでバリアフリー＆美食。（43才・女性）／旭川では札幌から動物園専用列車が出るので一度乗ってみて下さい。楽しいですよ。（43才・女性）／北海道ツアー道東（阿寒湖）、道南（函館、小樽）は大変良かった‼（59才・男性）／花咲線厚岸付近の車窓。道の駅「厚岸グルメパーク」展望台からの景色。（19才・男性）／函館本線のニセコ付近の車窓（30才・女性）／夏の大雪山（旭岳）はすばらしい。特に7月中旬～8月上旬は高山植物が多く見れる。夏が短いので一度にたくさんの花が一斉に咲くのでみごとですヨ。（60才・男性）／紋別郡雄武町日の生岬の宿から見るオホーツク海の日の出が美しい。（60才・女性）／稚内駅と幌延駅には国鉄時代からの硬券入場券が売られていて購入した。駅員に聞くとＪＲになってからこの硬券入場券を作ったが、まだ売れ残っているということであった。（28才・男性）／夕張のレストランで食べたメロンがバツグン‼（48才・女性）／かわゆのＫＫＲかわゆ。名産というより各地の地元の和菓子を購入します。（70才・女性）／札幌駅の構内で売っている柳もちを買いたい。安くてうまい！（59才・男性）／池田町の池田駅のワイン焼肉弁当は注文を受けてから作るのでおいしいと聞いた。一度食べてみたいと思いつつまだ食べていない。（32才・女性）／旭川駅の駅弁は豊富でどれも美味い。（51才・男性）／旭川の繁華街周辺にあるラーメン店は、どこに入ってもうまい！（24才・男性）／稚内でレンタカーを借り、日本最北端の宗谷岬からオホーツク海を眺めながらのドライブ。（32才・女性）

釧網本線　川湯温泉駅

青森

口コミ温泉ベスト3

1 酸ヶ湯温泉(東北本線・青森駅)

2 谷地温泉(東北本線・青森駅)

3 青荷温泉(弘南鉄道黒石線・黒石駅)

●三百年も昔から開かれていた山の一軒宿で湯治客が多い(酸ヶ湯温泉)。●日本三秘湯のひとつ(谷地温泉)。●秘境青荷渓谷の渓流沿いに散在しランプの宿と呼ばれている(青荷温泉)。

読者口コミ情報……五能線　艫作《へなし》駅　H18年に行った十二湖と不老ふ死温泉です。時間の関係で一部しか歩けなかったので再度行ってみたい。(55才・男性)/以前は楽に泊まれた黄金崎の不老不死温泉は大人気で昨年2ヶ月前に電話したのに満員。やむなく、深浦に泊まって日帰り湯になりました。(70才・男性)/青森県に二つの(別に)不老不死温泉あり。不思議。(66才・男性)/五能線五所河原駅から歩いて5分の所に「西北温泉」という共同浴場があり、時間つぶしにはよかった。(34才・男性)/薬研温泉(47才・男性)/津軽、下北方面　岩木山嶽温泉。青荷温泉。(65才・女性)/津軽平賀地区は温泉の数が多く、はしごが出来る。(58才・男性)/酸ヶ湯温泉。ひとりでも(いつでも)泊めてもらえる。(66才・女性)/「はまなす」(青森→函館)の旅がおもしろかった。車窓から見る函館の夜景は美しい!!皆寝てるけど!!(31才・女性)/十和田湖冬物語。2年連続で行きました。冬の花火やきりたんぽ鍋がおいしいすてきな旅です。(58才・女性)/弘前城は日本一の桜で近くのねぷたの村もおもしろい。(28才・女性)

黄金崎不老不死温泉

岩手

口コミ温泉ベスト3

1 新安比温泉（JR花輪線・荒屋新町駅）
2 花巻温泉（東北本線・花巻駅）
3 藤七温泉（東北本線・盛岡駅）

●珍しい海水化石型強食塩水で体の芯まで温まる（新安比温泉）。●宮沢賢治の故郷〝イーハトーブ〟に湧く（花巻温泉）。●東北で最も標高が高く、眺望がすばらしい（藤七温泉）。

読者口コミ情報……東北本線盛岡駅　〝森の風〟というホテルがすごくおすすめです。（34才・女性）／東北本線北上駅　夏油温泉（夏季限定）。（64才・男性）／東北本線盛岡駅　網張温泉仙女の湯は秘湯ムード満点です。（21才・男性）／東北本線花巻駅　新花巻温泉郷の大沢温泉がすばらしい。昔のそのままの原風景が残っている。（50才・女性）／地元の乳頭温泉は鶴乃湯が有名だが、蟹湯や黒湯は観光客も少なく、秘湯ムードもよい。（32才・男性）／大船渡線小友駅　黒崎仙峡温泉（岩手備前高田市）。（53才・女性）／花輪線湯瀬温泉駅　湯瀬温泉（駅からすぐ。景観良し。ウォーキング、渓流あり）。（53才・女性）／八戸線久慈駅　久慈市の海と琥珀の旅。（52才・女性）／盛岡・花巻・石川・宮沢記念館・盛岡の石割楼・ワンコそば他あり。（71才・男性）／盛岡で福田パンをたべてうれしかった！目の前でクリームをぬってくれるおばちゃんがいました〜。（31才・女性）／盛岡の名物三大麺（じゃじゃ麺、冷麺、わんこそば）。とくに冷麺はいろんなお店を食べ歩きました。（53才・女性）／岩手県の名産で卵めんが旨い。（58才・男性）／東北に行った時の「かもめのたまご」。お土産に好評でした。（39才・女性）

宮城

口コミ温泉ベスト3

1 秋保温泉（東北本線・仙台駅）
2 遠刈田温泉（東北本線・白石駅）
3 鳴子温泉（陸羽東線・鳴子温泉駅）

●仙台からの便もよく奥州三名湯に数えられる（秋保温泉）。●強めの酸性の温泉が多く、冬はスキー場も近い（遠刈田温泉）。●紅葉時期が特に美しく、駅前に足湯も（鳴子温泉）。

読者の口コミ情報……東北本線仙台駅　作並温泉の一の坊旅館がよい。（34才・男性）／花巻温泉、秋保温泉がよい。（57才・女性）／鳴子温泉の共同浴場「滝の湯」は150円で大満足。（36才・女性）／鳴子温泉よかったです。東鳴子温泉は穴場。（28才・女性）／宮城阿部蒲鉾店の蒲鉾（しっとりして、そのままでもおいしい）。（33才・女性）／仙台は「牛タン（舌）」で盛り上がっています。（75才・男性）／JR仙台駅の仙台くるみゆべし。（37才・男性）

秋田

口コミ温泉ベスト3

1 玉川温泉（花輪線・八幡平駅）
2 上畑温泉（奥羽本線・十文字駅）
3 後生掛温泉（花輪線・鹿角花輪駅）

●超強酸性の源泉100％の湯はヌル湯で気持ちよい（玉川温泉）。●水と緑に囲まれた山あいに佇む宿（上畑温泉）。●八幡平の大パノラマをのんびり堪能できる（後生掛温泉）。

読者の口コミ情報……乳頭温泉郷の鶴の湯温泉が最高。（59才・女性）／奥羽本線大館駅日景温泉。(39才・男性)/ねぶり流し館。実演が見られ、はっぴを着ての体験もできます。写真撮影もしてもらえた。(ただし、祭り期間以外だと思う)。(26才・女性)/男鹿に「ゴジラ岩」があります。夕陽にとてもグーです。(43才・女性)/奥羽本線院内駅　院内銀山の様子を今に伝える資料館「院内銀山異人館」の見学。(49才・男性)/増田町のりんごジュース。(30才・男性)

山形

口コミ温泉ベスト3

1 湯野浜温泉(羽越本線・鶴岡駅)
2 天童温泉(奥羽本線・天童駅)
3 蔵王温泉(奥羽本線・山形駅)

●海に沈む幻想的な夕日と秀峰・鳥海山の眺めがめずらしい(湯野浜温泉)。●人間が駒になって対局する「人間将棋」は春の名物行事(天童温泉)。●硫黄臭いお湯が旅人の疲れをいやす(蔵王温泉)。

読者の口コミ情報……羽越本線鶴岡駅　由良温泉。鶴岡駅から車で30分ぐらいの所にあります。日本海の夕日がとても美しく静かな場所です。ホテル八乙女にいつも泊ります。最高のロケーションです。(44才・女性)/奥羽本線米沢駅の小野川温泉です。夏はホタルが飛びかい、自然いっぱいで温泉もとってもいい泉質です。なにより無料の露天風呂があることです!!(45才・女性)/左沢線南寒河江駅の寒河江の市民浴場。¥100(現在¥200)で入れました。地元の人でにぎわってましたよ(29才・男性)/その名も「さくらんぼ東根駅」。佐藤錦発祥の地でのさくらんぼ狩り。(30才・女性)

福島

口コミ温泉ベスト3

1 芦ノ牧温泉（会津鉄道会津線・芦ノ牧温泉駅）
2 照島温泉（常磐線・泉駅）
3 高湯温泉（東北本線・福島駅）

●清流・大川の川魚と1000年以上の歴史を持つ古湯を満喫（芦ノ牧温泉）。●黒潮と親潮が運ぶ豊富な海の幸が魅力（照島温泉）。●「奥州三高湯」に謳われる名湯（高湯温泉）。

読者の口コミ情報……只見線会津柳津駅・柳津町に西山温泉下の湯があります。普通の民家を通って入ると弱炭酸泉の古びた温泉があります。看板もありません。（46才・女性）／会津鉄道湯野上温泉駅の茅葺きの駅舎。（34才・男性）／石川郡にある母畑温泉はおすすめです。（59才・女性）／飯坂温泉公衆浴場回りは人情が厚いです。（48才・女性）／会津若松の東山温泉にある芦名旅館は雰囲気も従業員の対応も良く、何度か泊まらせてもらっている。（34才・女性）／谷川温泉の槍の宿水上山荘。仏料理と和食を選べ、部屋もすべて素晴らしい。（52才・女性）／東北本線福島駅・高湯温泉の吾妻屋。貸切状態の露天風呂。（44才・男性）／飯山線戸狩野沢温泉下車の民宿〝北の家〟（62才・女性）／只見線本名駅・湯倉温泉鶴亀荘。朝、夕食共おいしさ抜群です。（39才・男性）／10月末頃、福島から米沢へ向かっての新幹線つばさの車窓から紅葉がとってもきれいです。山が燃えているくらいの紅葉です。（47才・女性）／飯坂温泉の「照井」という店の餃子がおいしい。（32才・女性）／今年の夏に会津に行った際に食べたニシンの笹巻き寿司がおいしい。（46才・女性）／噂には聞いていた喜多方ラーメン。おいしくて唸りました。また食べたいです。（32才・男性）

茨城

口コミ温泉ベスト3

1 袋田温泉（水郡線・袋田駅）
2 五浦温泉（常磐線・大津港駅）
3 平潟港温泉（常磐線・大津港駅）

●日本三大名瀑「袋田の滝」が目の前に（袋田温泉）。●五浦海岸の岬の上から太平洋が見渡せる（五浦温泉）。●ひなびた港町。新鮮魚介を使った磯料理が絶品（平潟港温泉）。

読者の口コミ情報……日光の東武日光駅で売られている鱒寿司は本当に美味でした。（34才・女性）／鹿島神宮参道のお土産屋さんにある巨大かきあげそばに注目。（53才・男性）／納豆系のおかしが充実。とくに納豆ポテトチップスはおいしかった。（22才・女性）

栃木

口コミ温泉ベスト3

1 益子温泉（真岡鉄道線・益子駅）
2 馬頭温泉（宇都宮線・うじいえ駅）
3 那須温泉（東北本線・那須塩原駅）

●歴史ある陶器の町の自然豊かな温泉地（益子温泉）。●美肌効果の高い泉質。名産のおそばもおいしい（馬頭温泉）。●四季折々の自然を楽しみながらゆったり（那須温泉）。

読者の口コミ情報……那須の「鹿の湯」。白くにごったお湯と硫黄のにおい。（35才・女性）／大田原内「黒羽温泉・五峰の湯」の露天風呂からの那須連山。（70才・男性）／宇都宮餃子みんみんの焼き水（すい）ライス。（40才・男性）／佐野市の桜あんぱん。（32才・女性）

群馬

口コミ温泉ベスト3

1 谷川温泉（上越線・水上駅）
2 藤岡温泉（八高線・群馬藤岡駅）
3 万座温泉（吾妻線・万座・鹿沢口駅）

❶谷川の清流に沿って広がる閑静な温泉地（谷川温泉）。❷鮎が生息する清流の里に涌く美肌の湯（藤岡温泉）。❸硫黄の香りの乳白色の湯と四季折々の大自然（万座温泉）。

読者の口コミ情報……吾妻線小野上温泉駅からすぐの小野上温泉（肌スベスベ）。温泉は駅から近いのが一番。（56才・女性）／草津温泉とその周辺の尻焼温泉等はおもしろい。（61才・男性）／吾妻線長野原草津口駅の尻焼温泉！（28才・女性）／何度か行った年末の草津温泉です。温泉源と周囲のイルミネーションが旅情をかきたてる。（54才・女性）／榛名湖のレークサイドゆうすげの風呂からの眺めがきれいです。（44才・男性）／吾妻線川原湯温泉駅　川原湯温泉の露天風呂。（32才・男性）／吾妻線万座・鹿沢口駅　嬬恋温泉で歩いて5分に村営温泉があります。1度ためして下さい。（40才・男性）／浅間隠温泉郷薬師温泉。風変わりな宿。（76才・男性）／四万温泉たむらがよかった。（70才・女性）／群馬かたしな高原は冬のスキーがメインですが、夏もチャイルドロッヂというコテージで涼しく、安くて良かったです。（49才・男性）／草津のバスターミナル前にある花マメの甘納豆屋さん。（26才・女性）／高崎でカツ丼食べて宇都宮でギョーザを食べ日帰りグルメ旅行！（42才・男性）／〝草津ホテル〟温泉まんじゅうと豆。（57才・女性）／中之条や嬬恋の雄大な自然に感動しました。老後はこんなところに住めたらなあ、と思っています。（52才・女性）

埼玉

口コミ温泉ベスト3

1 秩父・赤谷温泉（秩父鉄道・秩父駅）
2 和銅鉱泉（秩父鉄道・和銅黒谷駅）
3 四季の湯温泉（東武東上線・森林公園駅）

●奥秩父の穴場温泉。名物は「小鹿野歌舞伎」（秩父・赤谷温泉）。●「和同開珎」発掘の地に湧く（和銅鉱泉）。●温泉が一緒になって大きなリゾート地を形成（四季の湯温泉）。

読者の口コミ情報……県道284号線沿いの「満願の湯」。名前に魅かれた。（42才・男性）／道の駅 両神温泉薬師の湯。お風呂から見える里山がキレイ。手打ちそばもおいしい。（36才・女性）／大宮健康センターゆの郷。薬湯など11種類のお風呂。（32才・女性）／秩父の夜祭り、冬の花火のすばらしさ。（63才・女性）

千葉

口コミ温泉ベスト3

1 鴨川温泉（外房線・安房鴨川駅）
2 小湊温泉（外房線・安房小湊駅）
3 白浜温泉（内房線・館山駅）

●都心から近い新しい温泉リゾート。（鴨川温泉）。●日蓮上人誕生の地に湧く温泉地（小湊温泉）。●房総半島最南端の温泉。「野島埼灯台」から眺める大パノラマ（白浜温泉）

読者の口コミ情報……佐原の町。川越ほどは俗化されておらず、江戸の街なみが美しい。（58才・男性）／安房勝山と保田駅からの水仙の里です。山一面に水仙が咲いているので、電車とハイキングには丁度いいです。（37才・男性）

東京

口コミ温泉ベスト3

1 岩倉温泉（青梅線・青梅駅）
2 蒲田黒湯温泉（京浜急行線・京急蒲田駅）
3 山河の湯（東急田園都市線・二子玉川駅）

●知る人ぞ知る秘境。東京で唯一の温泉郷（岩倉温泉）。●古生代に埋もれた草や木の葉の成分が地下水に（蒲田黒湯温泉）。●都内では数少ない１００％の天然温泉（山河の湯）。

読者の口コミ情報……最近は都心の温泉（ラクーア）などによく行きます。24時間滞在できるので格安旅にも、つかえるかも。（32才・女性）／浅草の雷おこし、壱番屋のおこげせんが人気です！（47才・女性）／葛飾柴又の「寅さん記念館」に行ってきました。寅さんグッズも売ってます。（45才・男性）

神奈川

口コミ温泉ベスト3

1 箱根塔ノ沢温泉（東海道本線・小田原駅）
2 姥子温泉（東海道線・小田原駅）
3 飯山温泉（小田急線・本厚木駅）

●ノスタルジックな旅館街。街中に点在する史跡探訪（箱根塔ノ沢温泉）。●足柄山の金太郎ゆかりの古湯（姥子温泉）。●飯山観音から小鮎川の河畔にかけて宿が点在（飯山温泉）。

読者の口コミ情報……箱根「蔵のや」は安くてサービスが良く、また温泉もあって良かったです。（34才・男性）／箱根の「和心亭豊月」という宿。素晴らしい。（58才・女性）／熱海駅の足湯で駅弁。（18才・男性）／箱根の湯元で温泉玉子を作って居て、皆がその場で食べていた。（69才・女性）／横浜中華街の「横浜大

飯店」は2480円ポッキリで、注文式（バイキングでない）の食べ放題!!ペキンダックもおかわり自由！（45才・女性）

静岡

口コミ温泉ベスト3

1 天城・月ヶ瀬温泉（伊豆箱根鉄道線・修善寺駅）
2 堂ヶ島温泉（東海道線・三島駅）
3 天然中伊豆温泉（伊豆箱根鉄道線・修善寺駅）

●月の名所の源泉かけ流し温泉（天城・月ヶ瀬温泉）。●奇岩と夕日の絶景が堪能できる平氏ゆかりの温泉郷（堂ヶ島温泉）。●伊豆随一の効能を誇る譲りの湯（天然中伊豆温泉）。

読者の口コミ情報……伊豆の松崎温泉。焼津の黒潮温泉。体調がよくなります。（62才・女性）／奥下田観音温泉は何回入ってもいい温泉。（57才・男性）／下田の足湯めぐりはおもしろかった。（46才・女性）／寸又峡温泉、SLにも乗れる。（68才・男性）／伊豆にある「やまびこ荘」は安いし、元学校なのでとてもかわいいです。（19才・女性）／伊豆の松崎がおすすめです。「山光荘」という宿は、入江長八の作品があります。（31才・女性）／つま恋にある「らぱん」というペンションのようなホテル。（32才・男性）／少々値段は高いですが、伊豆の下賀茂温泉の南楽というお宿はとても素晴らしいです。（39才・男性）／富士山の廻りを列車で走る。東京‐御殿場線‐身延線‐中央本線。（65才・女性）／薩埵峠。由比に行ったら絶対！の美景。旅のプランに加えるべき!!（21才・男性）／伊豆熱川のいちご狩り。予約する所でいちごハウスに行くまで山中をハイキング気分で行ける。ハウスを選べて自由に出入りできる。竹林と池も近くにあり、とても幻想的。（27才・女性）

山梨

口コミ温泉ベスト3

1 春日居温泉（中央本線・石和温泉駅）
2 河口湖温泉郷（富士急行線・河口湖駅）
3 須玉温泉（中央線・穴山駅）

●桃と葡萄に香りに包まれた果実の郷の温泉地（春日居温泉）。●富士山に最も近い河口湖北岸の温泉郷（河口湖温泉郷）。●ミネラル成分が豊富な天然温泉（須玉温泉）。

読者の口コミ情報……駅近で露天風呂から富士山を臨めるJR小海線「甲斐大泉」駅前「パノラマの湯」（62才・男性）／富士山の見える日本で一番高い所にある露天風呂「ほったらかし温泉」よかったです。（34才・女性）／清里の民宿「伊予ロッヂ」いいです！（41才・女性）／川浦温泉の山県館。肌がつるつるになるすごい温泉！（40才・女性）／今回の旅で利用した甲府・積翠寺温泉の古湯坊坐忘庵。ゆったりとした時が流れている感じの素敵な宿でした。身延線の駅そばもおすすめです。（47才・男性）／富士のホテル鐘山苑。庭がすばらしい。（67才・女性）／富士山の近くにある富士屋は良かった。（29才・女性）／富士吉田の鐘山苑。温泉と庭園、富士山が目の前で良い。（61才・男性）／真木温泉の一軒宿。（33才・男性）／清里のスズランいっぱいの里。（50才・女性）／冬は富士宮がすばらしい。富士山はよく見えるし、焼ソバがとてもおいしい。（42才・男性）／甲府で食べた鴨肉ほうとうはこれでもかってくらい具沢山で感動しました。（23才・女性）／桔梗屋信玄餅がかわいかったので買いました。（34才・女性）／身延山久遠寺。春がいいです。急勾配の石段を登ると見事な枝垂れ桜が現れ、疲れも忘れて見とれてしまいます。（52才・女性）

長野

口コミ温泉ベスト3

1 白骨温泉（松本電鉄上高地線・新島々駅）
2 南木曽温泉（中央本線・南木曽駅）
3 あずまや温泉（上田電鉄別所線・上田駅）

●小説「大菩薩峠」が名付け親。（白骨温泉）●今もなお数多く残る歴史的文化遺産（南木曽温泉）。●展望露天風呂の頭上には満天の星空（あずまや温泉）。

読者の口コミ情報……中尾山温泉。湯質がなめらかでやさしい。迎えのバスあり。（63才・女性）／佐久高原のツツジ祭。（60才・女性）／信州戸倉上山田温泉はとっても良い温泉です。少々不便ですが行く価値あり。（63才・男性）／飯山線。別所温泉。新緑がすばらしいです。（65才・女性）／飯山線の戸狩野沢温泉。野沢菜・そばです。（67才・男性）／仙仁温泉「仙人の湯」、どうくつぶろ、花の湯もてなしが最高です。（62才・女性）／街天場にある「魚けい」という店の海鮮丼はすごい!!メガ海鮮丼といった感じ。（22才・男性）／渋温泉。外湯を鍵を持って回り、各外湯とも風情があっていい。（47才・男性）／湯田中〜渋温泉付近は泉質もよく好きな場所です。雪見で露天風呂に入浴するおサルさんが出没。ほのぼのします。（36才・女性）／信州薬師平茜宿。一軒家の温泉でここの露天風呂からの北アルプスの眺望は最高。朝風呂お勧め。（35才・女性）／ホテル白馬おすすめです!!部屋の窓の目の前に白馬がどっかり見える。最高です。料金手頃／７５００円位。（58才・女性）／信州大ヶ頭ホテル。山頂のホテルで露天風呂からの雲海は最高です。（62才・男性）／白馬八方の「丸金旅館」は家庭的で気軽に行ける。冬はスキー、夏は登山、春秋は塩の道トレッキングにと。(68才・男性)／毎年行く温泉信州鹿教湯温泉。マツタケ料理。ぬくもりのある「みやこ旅館」が最高です。(60才・男性)

口コミ見どころベスト3

1 篠ノ井線姨捨駅ホームからの眺望
2 別所温泉(上田電鉄別所線・別所温泉駅)
3 善光寺(身延線・善光寺駅)

カヤノ平のブナの黄葉(紅葉)志賀〜野沢ルート。(66才・男性)／小海線の旅：高原、リゾート、白駒、雨池の山歩き、こいのあらい、千曲川、上田城と見どころ多し。(55才・男性)／大鹿村、内帯、外帯の断層記念館あり。(74才・女性)／八ヶ岳山麓と清里の紅葉。別所温泉の「松茸」づくしの料理。(61才・男性)／安曇野のりんご狩り。(53才・男性)／軽井沢のブレストンユートの食事。(70才・男性)

／軽井沢にもそばのおいしい店がありました。川上庵という所で、現代風の店で、本場のそばがおいしかったです。(38才・男性)／小布施の栗の水羊羹。会社で大好評でした。(44才・男性)／グリーンホテル軽井沢のバイキングは今までで№1でした。(66才・女性)／土田駅近辺の信州そば屋「刀屋」の量は半端じゃありません。(50才・男性)／長野風月堂(玉だれ杏子)。もっと有名であってよい。(69才・男性)／東山温泉のローストビーフ食べ放題!!(22才・男性)／「信州の鎌倉」ともいわれる別所温泉！昔ながらの歴史建築も、温泉も最高でした。着物を着た上田電鉄の職員の女性も美しかったです。(35才・男性)

上田電鉄別所線　別所温泉駅

岐阜

口コミ温泉ベスト3

1 奥飛騨温泉郷（高山本線・高山駅）
2 飛騨高山温泉（高山本線・高山駅）
3 長良川温泉（東海道本線・岐阜駅）

●北アルプスの名峰に囲まれた秘湯風情の温泉地（奥飛騨温泉郷）。●小京都の町並が満喫できる新興温泉（飛騨高山温泉）。●岐阜城の懐に沸く長良川河畔の温泉郷（長良川温泉）。

読者の口コミ情報……平湯温泉の「神の湯」は、こじんまりした秘湯。（56才・女性）／槍見館の山の景色が素晴らしい。（39才・男性）／鬼岩温泉・了山。（56才・女性）／高山市一之宮町奥の民宿「甚左衛門」さん、「臥龍桜」や「モンデウス位山スキー場」も近く、農業、林業の体験もできます。（17才・女性）／ゆったりのんびりできる宿がそろっている養老公園。（66才・男性）／飛騨古川の町営の宿泊施設。（38才・男性）／平湯温泉の〝ひらゆの森〟という宿は良かったです。（28才・女性）／赤字で廃止がとりざたされている近鉄揖斐・養老線のレトロ電車ガタゴトの旅。（60才・男性）／養老渓谷。まだ乗ったことがないですが懐石列車で行ってみたい！（24才・女性）／恵那川上屋の栗きんとん&ようかん。日本一おいしいと思う。（41才・女性）／飛騨牛のほう葉みそ焼き。下呂温泉。（58才・女性）／木曽マゴメ宿の栗きんつば（栗がいっぱい）。（55才・男性）／郡上市内にある奥美濃カレーがうまい。（43才・男性）／奥飛騨の平湯にある「ひらゆの森」は1日500円でたくさんある温泉が入り放題。食事処もおいしい！うま辛も最高。↑おみやげに。（23才・女性）／飛騨高山の駅前で売っているみたらし団子がしょうゆ味でとてもおいしい！（25才・女性）

新潟

口コミ温泉ベスト3

1 鵜の浜温泉（信越本線・潟町駅）
2 咲花温泉（磐越西線・咲花駅）
3 六日町温泉（上越線・六日町駅）

●日本海の潮騒が聞こえる温泉地（鵜の浜温泉）。●阿賀野川沿いの渓谷が美しいエメラルドグリーンの薬湯温泉（咲花温泉）。●スローライフが体験できる田舎温泉（六日町温泉）。

読者の口コミ情報……春の新緑の飯山線と温泉の旅。（62才・男性）／冬にスノーボードで行った「関温泉」。温泉の香りが漂い、周辺の景色も最高。（29才・女性）／越後湯沢温泉宿「双葉」（65才・女性）／三島郡出雲崎、おやど堀善。桜鯛の刺身は肉厚で美味でした。（52才・女性）／ませくち温泉→ごんげん荘（49才・男性）／十日町の越後妻有交流館がとてもいい所です。温泉もあるし…。（22才・男性）／「青海」に行きました。本当に海が青くて、砂ではなく丸い石がたくさん音を出していて感動しました。（34才・女性）／新潟県内探す旅（日本海沿線）酒・米・魚、食を満たす。（63才・男性）／越後湯沢駅など、電車からすぐにスキー場に出られる場所が多いのがうれしい。（32才・男性）／新潟市の古町商店街は情緒ある賑わいで、歩いていて飽きない場所です。（25才・女性）／弥彦山の頂上から見た佐渡島にかかる夕日の美しさが忘れられません。（44才・女性）／SLばんえつ物語号に乗りました。大感激でした！（40才・男性）

SLばんえつ物語号

富山県

口コミ温泉ベスト3

1 華山温泉（北陸本線・福光駅）
2 庄川温泉郷・薬師温泉（城端線・砺波駅）
3 福光アローザ温泉（城端線・福光駅）

●全国でも珍しい展望砂風呂が魅力（華山温泉）。●美しい自然に囲まれた一軒宿（庄川温泉郷・薬師温泉）。●スキー場内の温泉地。立山連峰を一望（福光アローザ温泉）

読者の口コミ情報……大牧温泉。青春きっぷを使って何回か行っています（71才・女性）／宇奈月温泉、国際ホテル。（62才・女性）／「雅楽具」という宿に泊まってみたいです。（45才・女性）／宇奈月温泉（延対寺・延楽）おもかげ和菓子。（53才・女性）

石川

口コミ温泉ベスト3

1 和倉温泉（七尾線・和倉温泉駅）
2 山代温泉（北陸本線・加賀温泉駅）
3 片山津温泉（北陸本線・加賀温泉駅）

●能登島大橋や真っ赤な夕日を一望（和倉温泉）。●老舗旅館の紅殻格子に温泉情緒（山代温泉）。●一日に7度色を変えるという「柴山潟」と霊峰・白山（片山津温泉）

読者の口コミ情報……金沢みろく温泉。兼六大通の近くにあります。手ぶらで行けます。午後1時から。（66才・女性）／金沢中村屋の洋風カツ丼。（59才・男性）／金沢の三作せんべい。（23才・男性）／和倉温泉　あえの風。七尾湾パノラマ。（64才・男性）／やはり和倉温泉の加賀屋。館内の匂いたつお香をいつも土産として購入してます。（61才・女性）／和倉温泉「加賀屋」。27年間プロの選ぶ旅館1位に選ばれるだけあって足の悪い母もホテルだけで楽しめました。（48才・女性）／金沢深谷温泉、元湯石屋。湯質がよいのと、必ずひと手間かけた料理と能舞台のある良い旅館です。（58才・女性）／七尾の町並が玄関先に家紋入りののれんがかかっている町がよかった。（53才・女性）

福井

口コミ温泉ベスト3

1 東尋坊温泉（北陸本線・芦原温泉駅）
2 芦原温泉（北陸本線・芦原温泉駅）
3 三国温泉（えちぜん鉄道三国芦原線・三国港駅）

●日本海屈指の景勝地「東尋坊」に近接（東尋坊温泉）。●「関西の奥座敷」。趣向を凝らした庭園を楽しむ（芦原温泉）。●三国漁港直送の冬の越前蟹が有名（三国温泉）

読者の口コミ情報……いさりび（漁火）という温泉が海のすぐそばで気持ちいいです。（32才・女性）／若狭小浜の会見海岸民宿清風荘。フグ、カニ、魚介類おいしいです。（57才・男性）／7月中旬から8月初旬。ハス花撮影で福井南条へ行くがきれい。（58才・男性）／越美北線九頭竜湖（駅）紅葉と恐竜。（48才・男性）／今年の春の18きっぷを利用して福井駅の路面電車や桜を見てきた。ソースカツ丼や糸切モチなどのグルメあり空気も良くよかった。（33才・女性）／勝山市のくるみ羽二重（会社名：早川）（67才・女性）／おろしそば。（40才・男性）／永平寺。七堂伽藍をはじめ70棟余りの建物全てが回廊でつながっている。予約をしておけば、雲水と呼ばれる修行僧が案内してくれる。（48才・女性）

愛知

口コミ温泉ベスト3

1 南知多温泉郷（名鉄知多新線・内海駅）
2 湯谷温泉（飯田線・湯谷温泉駅）
3 三谷温泉（東海道線・三河三谷駅）

●知多半島の南西海岸に湧く温泉郷（南知多温泉郷）。●古来より多くの修験者たちが訪れた霊泉（湯谷温泉）。●三河湾の絶景が迎えてくれる閑静な温泉街（三谷温泉）。

読者の口コミ情報……湯谷温泉。長篠城もおすすめ。（41才・男性）／南知多温泉は人が少なくてとても良い。（24才・女性）／知多半島、呼帆荘。安い、料理がうまい。（70才・男性）／飯田線、東栄駅から少しはなれた所にある「とうえい温泉」が安くてきれいでいい。（33才・男性）／名古屋東山動物園のライオンがガラス越しに見学できるようになりました。（43才・女性）／女性一人でも安心してのれました。「しなの号」と思いましたが、名古屋駅から長野にいく（寝台）特急の一番前の車両は風景みるのもいいが、イスもゆったり、ぐっすりできます。（46才・女性）／中央本線（高蔵寺‐多治見）では、山間部や渓流があって見晴らしがとてもいいです。（14才・男性）／伊良湖岬の近くのメロンがおいしい。（41才・男性）／名古屋のスーパーにはあんかけスパ発祥のヨコイのレトルトが売っていておすすめです。（33才・男性）／尾張一宮駅内のうどん屋は関東風と関西風のちょうど真ん中の味である。（17才・男性）／名古屋駅のホームで食べるきしめんは美味いです。（21才・男性）／奥三河、東栄町のはちのこご飯。（16才・男性）／喫茶店文化の町、名古屋の「小倉トースト」は絶品でした。いろいろなお店のものを食べてみるのもいいかも。（22才・女性）

三重

口コミ温泉ベスト3

1 榊原温泉（近鉄線・榊原温泉口駅）
2 浜島温泉郷（近鉄線・賢島駅）
3 鳥羽答志島温泉（近鉄線・鳥羽駅）

●枕草子にも紹介された美人の湯として知られる古湯（榊原温泉）。●日本最大のえびす像と夫婦岩が迎えてくれる（浜島温泉郷）。●海産物の宝庫としても有名（鳥羽答志島温泉）。

読者の口コミ情報……JR関西本線の島ヶ原駅から近い温泉「やぶっちゃの湯」は一回行ってみて!!（55才・男性）／日帰り温泉だが泉質が良くおすすめ。伊賀の山の中です。大山田温泉「さるびの」（63才・女性）／モクモクランド。（泊まり場もあり）（62才・女性）／榊原温泉。お湯がとてもいいです。つるつるのお肌になれますよ。（55才・女性）／三重県火の谷温泉（76才・男性）／ホテルリゾートイン二見では、24H風呂（貸切り）が◎。（31才・女性）／伊勢の民宿〝なかよし〟料理が最高で食べきれない程でした。民宿の良さですね!!（64才・女性）／三重県の二見浦のユースホステルもやっている太江寺さんでは、3月の初旬頃に観音様の火祭りの行事があり一般の方も参加できます。（39才・女性）／神島。（63才・女性）／2月末に行った、なばなの里がとても綺麗でした。光のトンネル。しだれ梅。河津桜。（53才・女性）／伊勢で食べた伊勢うどんが美味。（52才・女性）／伊勢市おかげ横丁、夏は赤福氷。（71才・男性）／伊勢の手こねずし（52才・女性）／志摩の緑豊かな海岸をもう一度船で巡ってみたい！スペイン村もきれいで楽しかったです。（26才・女性）／港町鳥羽の夜の風情が頭に残っています。（46才・男性）

和歌山

口コミ温泉ベスト3

1 加太温泉（紀勢本線・和歌山駅）
2 南紀すさみ温泉（紀勢本線・周参見駅）
3 南紀太地温泉（紀勢本線・紀伊勝浦駅）

●沖合に浮かぶ無人島・友ヶ島の織りなす景観（加太温泉）。●世界遺産登録の熊野古道大辺路に近接（南紀すさみ温泉）。●〝古式捕鯨発祥の地〟としても名高い（南紀太地温泉）。

読者の口コミ情報……川湯はとてもいいです。川の中ですが、水がお湯と混ざっていて不思議。（48才・女性）／龍神温泉、高野山奥の山間部、静かな三大美人湯の一つです。（69才・男性）／日本最古の湯といわれる湯の峰温泉。「つぼ湯」は並びました。（33才・男性）／田辺市わたらせ温泉。露天風呂が最高！（40才・男性）／白浜ホテルシーモア。梅樽露天風呂がすごく良い。近くに海辺の天然温泉あり。（29才・女性）／ロイヤルパレスホテルのバルコニーからみたロケーションのすばらしさ。ちょうど、和歌浦の海に沈む夕日の美しさには思わず、ため息がでてしまいました。（58才・女性）／高野山槙の湯温泉。ＴＥＬで連絡すれば15分位で送迎して貰えます。山の中腹で何もないところです。（66才・男性）／わたら瀬温泉は、湯よし、味よし、サービスよしで大満足の宿ですよ!!（35才・女性）／秋に行った紀伊勝浦のホテル中の島。露天風呂もよかったです。（55才・女性）／この間行った紀伊勝浦にある宿、なぎさやの温泉が気持ちよかったです。お湯はツルツルでシーズンオフが人もあまりいなくてゆっくり入れます！（31才・女性）／紀伊勝浦の温泉民宿〝岩波〟朝食付か素泊まりですがよかったです。（60才・男性）／高野山へ行く手前、龍神温泉

「季楽里」。とても親切で接客が上手（59才・男性）／日高「みちしおの湯」とくえなべ（57才・男性）／よく知られている宿ですがホテル浦島、温泉・料理共に良かったです。（45才・女性）

口コミ見どころベスト3

1 南部梅林（きのくに線・南部駅）
2 白良浜（きのくに線・白浜駅）
3 和歌山城（紀勢本線・和歌山市駅）

和歌山城の桜を見て、紀三井寺の桜を堪能してきました。紀三井寺駅近くで農家の自動（無人）販売のミカンが美味でした。（57才・女性）／夏に行われる高野山の「ろうそく祭り」。幻想的で神秘的。（63才・女性）／約7Hの秘境の旅。和歌山新宮から奈良八木までのバス路線。途中十津川の端で40分休憩。（61才・女性）／桃源郷。遠目に見る桃の咲き乱れる様はまさに絵画のよう。また、道の途中で売っている地元のおじさんの「手作りたくわん」は絶品です！（一本２００円）。（67才・女性）／紀三井寺のお茶所は、とても眺望がよく気持ちよく、お茶やコーヒーが楽しめます。（47才・男性）／〝南紀勝浦のめはり寿しとマグロのさしみ串かつで千円の2代目があるよ。〟（70才・女性）／和歌山ラーメン。全国のご当地ラーメンの中でもナンバーワンだと思う。（29才・男性）／和歌山にはいい山道が多いので、電車に自転車を載せてのツーリング旅行には最適です。（25才・男性）串本の橋杭岩は、海の中に岩が杭のように立ち並んでいて不思議な景観です。（18才・男性）／白浜にある「崎の湯」。波打ち際の露天風呂です。（30才・女性）

湯の峰温泉

奈良

口コミ温泉ベスト3

1 宝来温泉（大和路線・奈良駅）
2 信貴山温泉（関西本線・王寺駅）
3 大峯山洞川温泉（近鉄吉野線・下市口駅）

●大和路をめぐるのに最適な立地の温泉（宝来温泉）。●霊地・信貴山の閑静な山あいに湧く温泉（信貴山温泉）。●避暑地としても知られる湯治の湯（大峯山洞川温泉）。

読者の口コミ情報……十津川村湯泉地温泉は隠れた穴場です。80℃の豊富な湯量、まさにこれぞ温泉かけ流し大満足！（68才・男性）／天川村（県中央）にある〝洞川温泉〟が疲労によく効く！名物は何と言っても〝湧き水〟！まあ一度飲んでみて。（36才・男性）／十津川温泉、源泉かけ流し（57才・男性）／奈良大台ケ原のふもとにある「ふれあいの郷ホテルかみきた」いつも利用している食事、温泉ばっちりです。（57才・女性）／洞川温泉　昔ながらの木造旅館。（63才・男性）／奈良公園の中に立っている宿（青葉茶屋）、さつま焼き、榊原温泉（57才・女性）／高見山のふもとにある天好園。（53才・男性）／桜の名所（地元ですが）奈良線玉水駅周辺、井出の桜は木も大きくすばらしい所ですよ。（67才・女性）／明日香村。棚田他。（26才・女性）／十津川村。JRを利用するだけでは行けませんが、温泉、景色がとってもすばらしいです。（58才・女性）／氷室神社のしだれ桜。（奈良公園で一番早く咲き、濃いピンクで、とても美しい大木）（60才・女性）／奈良の中心地ではありませんが、長谷寺や室生寺などの山寺にも奥ゆかしい魅力があります。（48才・女性）／やっぱり吉野の千本桜。（52才・男性）

京都

口コミ温泉ベスト3

1 るり渓温泉（山陰本線・園部駅）
2 湯の花温泉（嵯峨野線・亀岡駅）
3 天橋立温泉（北近畿タンゴ鉄道宮津線・天野橋立駅）

●音風景百選にも選ばれたリゾート温泉（るり渓温泉）。●戦国の武将が傷を癒した歴史ある温泉郷（湯の花温泉）。●日本屈指の景観地で海の幸も楽しめる温泉郷（天橋立温泉）。

読者の口コミ情報……笠置温泉町営￥800。隠れ家のよう。田舎。マッサージ。地酒うまい。（42才・男性）／夕日ヶ浦温泉。カニと温泉は最高。（49才・女性）／京都市右京区水尾〝ゆずの里〟。（66才・女性）／嵐山は〝花のいえ〟。公共ですが安く、内容よかったです。（52才・男性）／京都駅から東本願寺方面に歩いて5分。あたたかいお母さんが迎えてくれる「だいや旅館」。外国人客が多く、人との触れ合いという旅の醍醐味があります。犬3匹います!!格安です。（21才・女性）／龍馬ファンの人は寺田屋に泊まると感激ひとしおですよ。（41才・女性）／女房と人力車に乗った。すごく好評。（58才・男性）／鞍馬貴船へ出町柳から乗った電車はパノラマシートで2人掛ソファーっぽいのが窓に向かっていて素敵だった。（48才・女性）／「キムチのミズノ」のキムチがうまい。鞍馬温泉の楽しい旅（温泉の質。電車）。（47才・男性）／山奥（花背）に摘華料理「美山荘」があります。四季を通じて料理、ロケーションの良い所です。よく行きます。（65才・女性）／京都駅近くに宿をとって、京都観光の後は駅のそばにある銭湯に行く。これが私の粋な京都旅行です。（28才・男性）／外国人の泊まっているゲストハウスに行ってみるのも楽しい。（24才・女性）

滋賀

口コミ温泉ベスト3

1 びわ湖温泉（湖西線・大津京駅）
2 びわ湖おごと温泉（湖西線・雄琴駅）
3 甲賀かもしか温泉（草津線・貴生川駅）

●景勝地「近江八景」と歴史散策が楽しめる（びわ湖温泉）。●延暦寺比叡山の麓に広がる名所と史跡が満載の古湯（びわ湖おごと温泉）。●美肌効果満点で女性に人気の湯（甲賀かもしか温泉）。

読者の口コミ情報……琵琶湖のほとりの雄琴温泉は良かった！（31才・男性）／琵琶湖ホテル（気遣いがすごい）。（60才・女性）／長浜市の豊公荘は良かった！（20才・男性）／近江八幡水郷めぐりも楽しいです！（54才・男性）／長浜駅付近など歩いて行ける範囲の雰囲気が大変良いと思う。（42才・男性）／滋賀県周遊と湖北余呉湖へののんびり旅。（51才・女性）／琵琶湖のおき島。春は桜が美しい。もろこや、鮎のつくだ煮。（58才・女性）／琵琶湖一周　１４０円で出来た！（乗り換えをしていく）。（63才・女性）／琵琶湖の湖北の桜並木。（59才・女性）／琵琶湖南地方。国宝の本道をもつ長寿寺、常楽寺、清水寺と磨涯仏と十二坊温泉と酒と散策。（60才・女性）／岩村の駅の近くのソースかつ丼。長浜の親子丼、立ち寄り湯の「ささゆりの湯」。（53才・女性）／長浜（黒壁スクエア）の「のっぺいうどん」と「ゴブラン焼き」はすごくおいしいです。（28才・女性）／琵琶湖の特産、鮒寿し・佃煮・いばら餅・淡水パール。（56才・女性）／近江八幡。近江牛、丁稚ようかん、たねやのバームクーヘン、水郷めぐりなど。（30才・男性）／彦根城の威容は圧巻です。近々世界遺産にも登録されるかもしれないとのこと。（38才・男性）

大阪府

口コミ温泉ベスト3

1 伏尾温泉（阪急宝塚線・池田駅）
2 奥水間温泉（阪和線・熊取駅）
3 犬鳴山温泉（阪和線・日根野駅）

●都会の日常を忘れられる奥座敷（伏尾温泉）。●古くから療養泉として知られた葛城山山麓の湯（奥水間温泉）。●修験道場として開かれた山中の温泉（犬鳴山温泉）。

読者の口コミ情報……高月市の摂津峡温泉。（56才・女性）／堺市のけし餅。（64才・男性）／通天閣の周りの串揚屋さんは24時間営業中です。安い！うまい！（43才・男性）／泉州で採れる（大阪湾）ワタリガニが最高！（66才・男性）

兵庫

口コミ温泉ベスト3

1 神戸須磨温泉（山陽本線・須磨駅）
2 湯村温泉（山陰本線・浜坂駅）
3 有馬温泉（神戸電鉄線・有馬温泉駅）

●光源氏で知られる須磨の霊泉（神戸須磨温泉）。●「夢千代日記」の舞台で、豊富な湯量の温泉地（湯村温泉）。●『日本書紀』に名が残る豊臣秀吉も愛した古湯（有馬温泉）。

読者の口コミ情報……城崎温泉の「こぢんまり」という宿が良い。（34才・男性）／宿。神戸市北区。しあわせの村。障害者は宿泊料割引や割得パックも有。（51才・男性）／木次線のスイッチバックと出雲坂根の延命水（乗務員も親切）。（62才・男性）

岡山

口コミ温泉ベスト3

1 作州武蔵温泉（姫新線・林野駅）
2 湯郷温泉（姫新線・林野駅）
3 湯原温泉（姫新線・中国勝山駅）

●宮本武蔵誕生の地に湧く山あいの湯（作州武蔵温泉）。●マツタケの産地でも有名な千二百年伝わる古湯（湯郷温泉）。●露天風呂番付西日本の横綱にも選ばれた温泉（湯原温泉）。

読者の口コミ情報……和気町「龍徳温泉」（60才・女性）／岡山〜相生間を行くときは赤穂線まわりの方が車内はすいていて車窓がきれい。（38才・男性）／日生町のかきのお好み焼きがおいしい（JR赤穂線）（43才・女性）

広島

口コミ温泉ベスト3

1 湯の山温泉（山陽本線・五日市駅）
2 湯来温泉（山陽本線・五日市駅）
3 養老温泉（山陽本線・尾道駅）

●藩主の湯治場として栄えた温泉地（湯の山温泉）。●白サギが傷を癒したという伝説の温泉街（湯来温泉）。●ラドン含有量西日本一でさらりとした泉質。（養老温泉）。

読者の口コミ情報……三瓶山埋没林。秘湯千原温泉。（65才・男性）／鞆の浦のシーサイドホテル（田舎味噌）。（73才・男性）／東広島市で毎年10月に開催の酒祭り。（39才・男性）／安芸の宮島の鳥居のライトアップ。弥山の絶景。（74才・女性）

山口

口コミ温泉ベスト3

1 下関温泉（山陽本線・新下関駅）
2 はぎ温泉（山陰本線・東萩駅）
3 長門湯本温泉（美祢線・長門湯本駅）

●巌流島など歴史スポットも楽しめる本州最西の地（下関温泉）。●桜に紅葉と城下町萩を満喫できる温泉（はぎ温泉）。●童謡詩人、金子みすゞの故郷の温泉街（長門湯本温泉）。

読者の口コミ情報……湯治場、俵山。（61才・女性）／湯田温泉での足湯。東京庵というおいしいそばや。（40才・女性）／下関市の奥座敷「川棚温泉」は室町時代に地元の僧が掘り当てたといわれており八百年の歴史と伝統がある。（37才・女性）／大島、千鳥本店。小さな宿ですが安くて魚がおいしい。大畠駅よりバス、タクシー。（59才・女性）／トワイライトエクスプレスの夕日もいいですが山陰本線太田市～下関間の夕日。（58才・女性）／笠戸島（はなぐり岬）の夕日は美しい。（61才・女性）／岩国。夏の18きっぷ期に錦帯橋で花火大会、鵜飼、橋のライトアップ、宿泊すればすべて可能。花火大会は確認。（40才・男性）／下関市、タチ巻き（タチの魚の皮で牛ぼうが巻いてある）。萩市、エソ巻き（エソの魚の皮で牛ぼうが巻いてある）。（82才・男性）／「長門湯本温泉」の「温泉まんじゅう」実はモナカですが、これは美味、安い。（74才・男性）／下関市にあるカモンワーフ内にある回転ずしは1皿120円でネタも新鮮でおすすめです!!（30才・男性）／大きな鍾乳石で有名な秋吉台の秋芳洞はすばらしい！（29才・女性）

JR美祢線　長門湯本駅

鳥取

口コミ温泉ベスト3

1 浜村温泉（山陰本線・浜村駅）
2 皆生温泉（伯備線・米子駅）
3 三朝温泉（山陰本線・倉吉駅）

●因幡の白兎伝説が残る神話の世界の温泉地（浜村温泉）。●伯耆富士ともいわれる大山が絶景の温泉地（皆生温泉）。●蛍が飛び交う世界有数のラドン泉（三朝温泉）。

読者の口コミ情報……西方に三朝町があり、そこに三朝温泉と三徳山三溝寺壁崖に奥院の建造物がある（国宝）。（78才・男性）／境線は1つ1つの駅に妖怪の名前がついていてとても楽しいです。近々なくなる駅もあります。（18才・女性）

島根

口コミ温泉ベスト3

1 立久恵峡温泉（山陰本線・出雲市駅）
2 松江しんじ湖温泉（山陰本線・松江駅）
3 玉造温泉（山陰本線・玉造温泉駅）

●山陰の耶馬溪と称される川沿いの温泉地（立久恵峡温泉）。●詩的な景観と郷土料理が楽しめる良泉（松江しんじ湖温泉）。●『出雲風土記』にも名が残る古泉（玉造温泉）。

読者の口コミ情報……出雲市小田温泉。（59才・男性）／玉造温泉のこんや亭。（65才・男性）／「てんてまり」という旅館が女性向きで、こぢんまりしてて良かった。（27才・女性）／松江　松平閣。（69才・男性）／隠岐の島（75才・男性）

徳島

口コミ温泉ベスト3

1 穴吹温泉（徳島・線穴吹駅）
2 祖谷渓温泉（土讃線・大歩危駅）
3 千羽温泉（牟岐線・日和佐駅）

●四国一の水質の清流、穴吹川側に湧く温泉（穴吹温泉）。●殺菌効果が高く、肌がすべすべになる名湯（祖谷渓温泉）。●四国霊場八十八カ所札所薬王寺側に湧く温泉（千羽温泉）。

読者の口コミ情報……大歩危峡ホテル「まんなか」従業員が一生懸命で気持ちよかった。（72才・男性）／JR日和佐駅、足湯館、物産館、23番札所薬王寺、大浜海岸でのんびり。（56才・女性）／隠れた名産品「竹ちくわ」。（18才・男性）

香川

口コミ温泉ベスト3

1 こんぴら温泉郷（土讃線・琴平駅）
2 小豆島温泉（山陽本線・岡山駅）
3 あじ温泉（高徳線・屋島駅）

●最古の芝居小屋で歌舞伎が楽しめる温泉郷（こんぴら温泉郷）。●「二十四の瞳」の舞台となった温泉地（小豆島温泉）。●瀬戸内海の小島を見渡せる海沿いの温泉（あじ温泉）。

読者の口コミ情報……観音寺市の（琴弾廻廊）の温泉。夕日がきれいです。よく行きます。（57才・女性）／秘湯、大串温泉。（56才・女性）／琴平のうどん学校。低料金でうどん作り体験ができ、お土産もあり。（21才・女性）

愛媛

口コミ温泉ベスト3

1 道後温泉（伊予鉄線・道後温泉駅）
2 奥道後温泉（伊予鉄道バス・奥道後駅）
3 鈍川温泉（予讃線・今治駅）

●3000年の歴史をもつ「坊ちゃん」ゆかりの名湯（道後温泉）。●山と渓谷に囲まれた美肌づくりの湯（奥道後温泉）。●四季折々の絶景が楽しめる山峡のいで湯（鈍川温泉）。

読者の口コミ情報……花の森ホテル（伊予郡中山町）閑静で落ち着いた雰囲気。創作料理もよい。（65才・男性）／松山（道後）のおみやげに道後ビールはおすすめです。（31才・女性）／松山城下にはお菓子屋さんがたくさん！スイーツの食べ歩きがオススメ！（24才・女性）

高知

口コミ温泉ベスト3

1 あしずり温泉郷（土佐くろしお鉄道・中村駅）
2 馬路温泉（土佐くろしお鉄道・安芸駅）
3 べふ峡温泉（土讃線・土佐山田駅）

●四国最南端の足摺岬にある南国情緒あふれる温泉（あしずり温泉）。●素朴な田舎の風景が心なごむ美人の湯（馬路温泉）。●兎や狸が出没する槙山川沿いの温泉郷（べふ峡温泉）。

読者の口コミ情報……宇佐漁協のホエールウォッチング。（43才・男性）／桂浜はすごくきれい。（24才・女性）／温泉は少ないけど、かつお、たちうお、じゃこ天、トロッコ列車あり。（45才・男性）／「はちきん」さんが売っている心のこもったくさもち。（60才・男性）

福岡

口コミ温泉ベスト3

1 筑後川温泉（九大本線・筑後大石駅）
2 原鶴温泉（九大本線・筑後吉井駅）
3 脇田温泉（JRバス・直方駅）

●筑後川沿いに広がる水の綺麗な温泉郷（筑後川温泉）。●県下随一の湧出量を誇る（原鶴温泉）。●蛍狩りが楽しめる清流を臨む奈良時代からの歴史をもつ古湯（脇田温泉）。

読者の口コミ情報……ホテル三ラインは長浜ラーメン屋台の近くで安くて清潔。（43才・男性）／博多ラーメンも有名だが、久留米のラーメンも負けてはいない。（25才・男性）／大宰府の宝満山には一度登ってみてください。福岡の美しさを知ってもらえるはず。（33才・女性）

佐賀

口コミ温泉ベスト3

1 嬉野温泉（佐世保線・武雄温泉駅）
2 小城温泉（唐津線・小城駅）
3 熊の川温泉（昭和バス・熊の川温泉駅）

●江戸時代から知られた九州屈指の名湯（嬉野温泉）。●九州の小京都とよばれる祇園川沿いの温泉郷（小城温泉）。●脊振山と天山を望む弘法大師ゆかりの薬湯（熊の川温泉）。

読者の口コミ情報……イカ刺定食がおいしい。（42才・女性）／小城公園の桜がきれいでした。小城羊羹、おいしいです。（40才・女性）／唐津の「虹の松原」が美しかった。松林を抜けると立派な唐津城が。（40才・男性）／全国の焼き物の中でも、伊万里焼の素晴らしさは一番だと思います。（62才・女性）

長崎

口コミ温泉ベスト3

1 平戸温泉（西肥バス平戸・桟橋バスターミナル駅）
2 雲仙温泉（島鉄バス・雲仙駅）
3 小浜温泉（雲仙行バス・小浜温泉バスターミナル駅）

●エキゾチックな南蛮情緒あふれる温泉郷（平戸温泉）。●日本初の国立公園に指定されたキリシタン殉教の舞台（雲仙温泉）。●全国有数の高温と湯量を誇る（小浜温泉）。

読者の口コミ情報……平戸温泉の朝日が美しい。（77才・男性）／島原鉄道の車窓。（64才・男性）／の喜道庵。温泉。（63才・男性）／南風楼は実際行ってすごく良かった。（11才・男性）／大崎公園、国民宿舎くじゃく荘の最上階露天風呂から見える朝日は最高です。（36才・男性）／島原鉄道で行く半島の旅。（54才・女性）／眼鏡橋。「アーチ型の橋が川に映って眼鏡に見える」と聞いていたので楽しみにしていました。とても、風情がありました。（42才・女性）／ベタですけどハウステンボスは最高でした！（26才・女性）／平戸は海と温泉と魚料理が良い。（59才・男性）／アイスの中にカステラが入ったカステラアイスがあるらしいです。（探したがなかった）。カステラキティちゃんがかわいい。（18才・女性）／3月のひなまつりの時期のみ桃カステラを食べることができます！期間限定の隠れ名菓子です!!（24才・女性）／ハウステンボス売店のスイーツはどれも美味です。（28才・女性）／島原市に「漁人市場　とっとと」がオープンしました。和洋フグ料理など。（65才・女性）／五島市にある中華の平山園。ギョーザが安くてボリュームたっぷり。本場中国仕込みです。（46才・男性）

宮崎

口コミ温泉ベスト3

1 たまゆら温泉（日豊本線・宮崎駅）
2 青島温泉（日南線・青島駅）
3 北郷温泉（日南線・北郷駅）

●川端康成の小説の舞台となった美人湯で知られる温泉地（たまゆら温泉）。●南国情緒あふれる「日本のハワイ」（青島温泉）。●桜の里としても有名な山間の温泉郷（北郷温泉）。

読者の口コミ情報……登山、温泉はもとより、今年の夏は避暑地として利用。（44才・女性）／新富町営の温泉サン・ルピナス。泉質もいいし、町内産の野菜も買える。（60才女性）

鹿児島

口コミ温泉ベスト3

1 指宿温泉（指宿枕崎線・指宿駅）
2 霧島温泉郷（日豊本線・霧島神宮駅）
3 垂水温泉（鹿児島交通バス・垂水駅）

●砂蒸し風呂で有名な錦江湾沿いに広がる温泉地（指宿温泉）。●霧島連山を見渡す坂本龍馬が新婚旅行で訪れた温泉（霧島温泉郷）。●開聞岳が一望できる海沿いの温泉（垂水温泉）。

読者の口コミ情報……霧島ホテル。大浴場（100人以上入れる）と温泉の種類が豊富。（65才・男性）／指宿枕崎線の西大山駅。JR日本最南端の駅。（55才・男性）

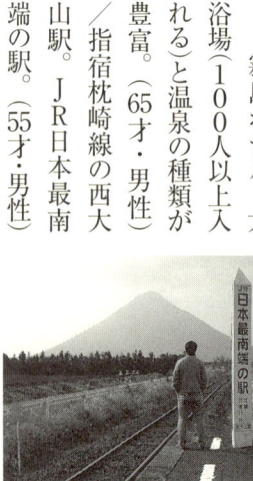

指宿枕崎線　西大山駅

大分

口コミ温泉ベスト3

1 宝泉寺温泉（久大本線・豊後森駅）
2 天ヶ瀬温泉（久大本線・天ヶ瀬駅）
3 筋湯温泉（九大本線・豊後中村駅）

●滝すべりが楽しめる壇一雄の小説の舞台となった名湯（宝泉寺温泉）。●蛍が舞う由布院と並ぶ豊後三大温泉（天ヶ瀬温泉）。●「打たせ湯」が名物の歴史ある温泉地（筋湯温泉）。

読者の口コミ情報……湯平温泉は昔ながらの湯の町情緒が残っていて静かでのんびり寛げます。（56才・女性）／山香町にある「風の郷」という温泉は泉質も良く、温泉だけじゃなく宿も併設されていて、マッサージ機も充実していました。（31才・女性）／日田の散っちゃな宿。枇杷樹。（55才・女性）／九重星生ホテルの露天風呂は清潔感、温泉の質、景色とも最高でした。（55才・男性）／別府杉のヰホテル。絶景の大露天風呂。（59才・女性）／湯布院で素泊まり4000円の宿があった。湯布院は宿泊が高いのでうれしかった。（58才・女性）／湯の平から由布までのハイキング。すばらしいですよ。（58才・女性）／特急「ゆふいんの森」号の車内販売でしか買えないピンバッチ、クリアーファイル等がおすすめ。（15才・男性）／2月に訪れた白臼の「喜楽庵」のふぐ料理は絶品でした。（48才・男性）／とり天。（38才・女性）／川口自由堂。荒城の月の饅頭。（61才・女性）／別府の温泉たまごはおいしかったなあ。（44才・女性）／遊歩公園。大分城跡から南へ延びる並木道。瀧廉太郎像、ザビエル像など、さまざまな彫刻を見て歩くことができる。（60才・男性）

熊本

口コミ温泉ベスト3

1 阿蘇内牧温泉（豊肥本線・内牧駅）
2 阿蘇赤水温泉（豊肥本線・赤水駅）
3 湯の児温泉（肥薩おれんじ鉄道線・水俣駅）

●与謝野鉄幹・晶子が訪れた阿蘇の温泉地（阿蘇内牧温泉）。●阿蘇五岳に囲まれた高地リゾート地（阿蘇赤水温泉）。●「九州の地中海」不知火海に面した温泉街（湯の児温泉）。

読者の口コミ情報……南阿蘇垂玉温泉。混浴温泉。（63才・男性）／やはり温泉・絶景・馬刺。（67才・女性）／湯上平温泉萬作屋。（48才・女性）／黒川温泉の旅館「こうの湯」が全て満足しました。（27才・男性）／湯治場としての熊本の地獄温泉。清風荘。（57才・女性）／こっぱもち。アソファームビレッジ（ドーム型の宿泊施設）。山の上の方にありました。（36才・女性）／阿蘇の方には離れの宿が多い。（42才・男性）／阿蘇の「高菜めし」「だんご汁」「馬刺」はおいしいです。（39才・女性）／馬刺店「けんぞう」はおいしい。つきだしからおいしい。（36才・男性）／「いきなりだんご」というネーミングのたべものがあります。（31才・男性）／熊本駅の駅弁「さばずし」。〆さば600円、焼さば700円。吉松～人吉駅間「しんぺい号」。（62才・女性）秋の九州横断（やまなみ～阿蘇）。（59才・男性）／杖立温泉のこいのぼり風景。（65才・男性）／豊肥線、波野駅から宮地へ列車が降下する際の阿蘇五岳。外輪山の光景は必見。（63才・男性）／わくわく海中水族館シードーナツ。海に浮かぶドーナツ形の水族館。7つのゾーンに、世界7大陸に生息する魚が。子供が大喜び。（38才・男性）

PART 5

「青春18きっぷ」をもっとお得に活用する 旅ワザ・裏ワザ大公開

―応用編―

ここからは「青春18きっぷ」の応用編。列車本数の少ない線区の旅など、〝難所〟克服もまた『青春18きっぷ』利用の楽しみのひとつ。タイプ別克服法をいくつかご紹介しよう。

難所克服の裏ワザ 1

難所　普通列車の本数が少ない

克服法　その列車に乗ることを最優先にスケジュールを組む

　列車の本数が少ない区間は、ローカル線だけでなく幹線にも存在している。例えば北海道の函館本線。札幌〜旭川は特急が上下とも30分おきに走る幹線だが、この区間を通して走る普通列車は1日下り2本、上り1本のみ。また、効率的な乗り継ぎも下り4パターン、上り7パターンしかない。

　札幌から普通列車を乗り継いでその日のうちに稚内に入ろうとする場合、札幌6時2分発の列車に乗らなくてはならない（稚内16時39分着）。なお、網走へは札幌9時8分発が連絡している（網走19時33分着）。これが普通列車による〝最終接続〟なのだ。

●主な運行本数の少ない区間（特定日運転のイベント列車を除く）

路線名	区間	往復本数	備考
宗谷本線	音威子府〜稚内	4	
石北本線	上川〜白滝	2	
釧網本線	緑〜川湯温泉	4	
札沼線	浦臼〜新十津川	3	13〜17時台運転なし
津軽線	蟹田〜三厩	5	
五能線	岩館〜深浦	5	
田沢湖線	赤渕〜田沢湖	4	8〜13時台運転なし
山田線	茂市〜盛岡	4	
岩泉線	岩手和井内〜岩泉	3	9〜14時台運転なし
米坂線	羽前椿〜坂町	5	
只見線	会津川口〜只見	3	
吾妻線	万座・鹿沢口〜大前	5	
越美北線	越前大野〜九頭竜湖	5	
芸備線	東城〜備後落合	3	7〜12時台運転なし
木次線	出雲横田〜備後落合	3	第2木曜は往復2本
三江線	浜原〜口羽	4	12〜15時台運転なし
小野田線（支線）	雀田〜長門本山	5	8〜15時台運転なし
豊肥本線	宮地〜豊後荻	5	
日豊本線	佐伯〜延岡	3	8〜15時台運転なし
肥薩線	人吉〜吉松	5	

難所克服の裏ワザ 2

難所 特急優先のダイヤになっている

克服法 特急やバス、フェリーなどを上手に利用する

日豊本線の大分と宮崎の県境を挟んだ佐伯～延岡間は『青春18きっぷ』利用者にとって大きな難所だ。延岡へ行く下り普通列車の佐伯発は6時24分、17時20分、19時27分の3本だけ。次の列車を待っていたら、それこそ日が暮れてしまう。逆方向も同様で延岡発は6時1分、16時48分、19時29分。普通列車による昼間の移動が不可能だが、この区間は特急「にちりん」「にちりんシーガイア」が上下とも毎時1本運転されており、特急の〝チョイ乗り〟で自由度が高まるのなら有効に利用すべきだ。前述の区間なら運賃１０８０円＋自由席特急料金９２０円＝計２０００円と、それほど高くはない。

第三セクターも検討に値する。例えば名古屋～伊勢市・鳥羽を走る快速「みえ」。途中、河原田～津の区間で伊勢鉄道に乗り入れるが、ここは伊勢鉄道の運賃４９０円を支払って乗り続けた方が時間の無駄がない。

こんな例もある。東北新幹線の延伸で盛岡～八戸の旧・東北本線が第三セクター「ＩＧＲいわて銀河鉄道」と「青い森鉄道」に移管された。両社の運賃を合算すると２９６０円だが、東北新幹線の運賃＋特定特急料金（立席）の合計額は３４１０円。意外や意外、あまり変わらないのだ。盛岡から八戸の先（青森、久慈方面）へ行きたい場合、どちらを選択するか？ ちなみに所要時間は第三セクター1時間30分～1時間56分、新幹線29～41分。

ＪＲと並行する道路に定期バスは運転されていないだろうか。並行する私鉄はＪＲより頻繁に運転され

ていることも多い。北海道や四国と本州の間、四国と九州の間などはフェリーを併用すれば効率のいい移動が可能だ。長距離フェリーはビジネスホテル並みの運賃で宿泊所としても利用できる。目覚めれば目の前が目的地だ。

●特急〝チョイ乗り〟におすすめの区間例

路線名	区間	営業キロ	普通列車運行状況	特急名	特急本数※1	運賃＋特急料金※2＝合計
函館本線	滝川→深川	23・1km	8:08の次が11:53	スーパーカムイ、オホーツクなど	10本	440＋300＝740円
室蘭本線	長万部→洞爺	41・5km	9:05の次が13:12	スーパー北斗、北斗	3本	810＋600＝1410円
田沢湖線	角館→大曲	18・5km	9:43の次が13:46	秋田新幹線こまち	5本	320＋730＝1050円
奥羽本線	福島→米沢	40・1km	8:08の次が12:54	山形新幹線つばさ	6本	740＋730＝1470円
高山本線	下呂→高山	48・1km	8:50の次が13:51	(ワイドビューひだ)	5本	950＋630＝1580円
長崎本線	肥前鹿島→諫早	45・8km	7:44の次が12:47	かもめ	7本	910＋600＝1510円
日豊本線	宇佐→杵築	23・4km	10:48の次が13:15	ソニック	3本	450＋300＝750円
日豊本線	佐伯→延岡	58・4km	6:24の次が17:20	にちりん、にちりんシーガイア	10本	1080＋920＝2000円

※1普通列車運行状況に載っている時間内に走っている本数
※2特急料金は自由席料金または特定料金で計算

難所克服の裏ワザ 3

難所 出発・到着が深夜・早朝

克服法 早すぎる到着を避け往復乗車で時間調整

有効期間内ならJRの普通列車に乗り降り自由という『青春18きっぷ』のルール。これをフル活用する。東京～大垣を走る東海道本線の夜行快速「ムーンライトながら」は「日本でいちばん人気のある普通列車」だ。これで浜松あたりまで行く人もいるが、浜松到着は早朝の3時09分。「浜松に実家がある」というならOKだろうが、知人を訪ねるには迷惑な時間だ。

ここで「乗り降り自由」というメリットを活用。わざと乗り過ごすのだ。例えば岡崎には5時22分着。ここで5時58分の上り始発列車に乗り、豊橋に6時28分着。これが6時31分発三島行きに接続。浜松着は7時3分。この時間なら、バスなどの交通機関は動き始めているし、駅前で朝食をとることも可能だ。

同じ方法は新宿～新潟を上越線経由で結ぶ夜行快速「ムーンライトえちご」でも使える。上越線と信越本線は宮内で接続するが「ムーンライトえちご」は停車しないので隣の長岡で乗り換えとなる。長岡着は3時39分。柏崎、直江津方面への始発列車は6時41分発。この時間帯に3時間も駅で待つのはつらい。ここで一計。長岡で降りずに終着駅の新潟まで乗り通すのだ（座席指定券は終着・新潟まで確保する）。これなら寝過ごす心配もない。新潟からは5時18分発の信越本線・長岡行きに乗車すると長岡に6時31分着。前記の直江津行きに接続する。直江津着は8時7分。以後、金沢までの接続もきわめて良好だ。

この方法は他線区でも応用できる。列車の始発駅近くから乗車する場合、ダイヤを調べて折り返し利用が可能かどうかをチェックしよう。同じ車両が折り返しとなることがほとんどなので座席確保も容易だ。

難所克服の裏ワザ 4

難所 普通列車の乗り継ぎが不便

克服法 〝常識〟を疑って別ルートを考える

函館方面から札幌に向かう場合、長万部から先の特急列車はすべて苫小牧を経由する室蘭本線～千歳線回りで走っているため、こちらが函館～札幌のメインルートとして知られている。

長万部から小樽を経由して札幌に至る函館本線は通称〝山線〟と呼ばれ、峠越えが何カ所もある。このためスピード重視の特急列車は、勾配の少ない室蘭本線～千歳線を選択しているのだ。長万部～札幌の距離は函館本線経由が174・0km、室蘭本線～千歳線経由が206・4kmと32・4kmも長いが、後者の方が高速運転向きなので遠回りしてでも速い。

ところが『青春18きっぷ』の旅で使う普通列車の場合、長万部～札幌の区間は函館本線の方が便利だ。室蘭本線～千歳線の場合は最低1～2回の乗り継ぎが必要だが、函館本線は1回のみ。下りの1本だけだが直通列車もある。函館方面との接続もいい。室蘭本線、千歳線の沿線に立ち寄るのなら話は別だが、これ以外の『青春18きっぷ』利用者にとって、函館～札幌のメインルートは小樽経由の函館本線なのだ。

「特急がビュンビュン走っているから便利な路線」という一般的な〝常識〟は『青春18きっぷ』の場合、ちょっと違うこともある、という好例だ。時刻表の地図などを眺めて別経路がある場合はそちらもあたってみるといい。意外な難所克服ができるかもしれない。

難所克服の裏ワザ 5

難所　列車が遅延、運休になったら

克服法　遅延や運休に補償なし「万事休す」の可能性も

日常生活でも交通機関のトラブルは困ることだが、旅先ではもっと困る。

災害などで長期にわたり列車の運行ができなくなることがある。最近では越美北線、高山本線で、豪雨、台風の影響で不通区間が発生していた。代行バスが運転されていたので、これを利用すればいいが、所要時間が長くなるので要注意だ。また、新潟県中越地震では信越本線や上越線、飯山線などに大きな被害が発生し、長期運休することになった。ここまで極端なケースはともかくとして、臨時ダイヤを掲載している時刻表やＪＲ各社のサイトなどで最新の情報を仕入れる必要がある。

日本の鉄道ダイヤは世界一正確といわれる。利用者は安心して旅行ができるわけだが、あまりにもその正確さに慣れきっている。だが、『青春18きっぷ』の有効期間内にダイヤ混乱や運休などの事態が発生しても、原則的に払い戻し等は行われないことを覚えておこう。『青春18きっぷ』に遅延や運休に関する補償はない。現場で行われる便宜的な対応を全面的に期待してはいけない。「万事休す」ということもあり得るのだ。

最悪の場合を想定して対応をシミュレーションしておくのが危機管理の鉄則だが、あまりに考えすぎると旅に出ること自体が「危険」になる。心の準備はしておくのはいいが、ほどほどにしておいたほうがいい。

万一の際、頼りになるのは有人駅。まず駅員に相談し、その後は落ち着いて行動をするようにしよう。これが鉄道の旅の基本だ。

『青春18きっぷ』との合わせワザ

利用できるのは普通列車だけ、というのが『青春18きっぷ』の特徴だが、接続時間や運行本数など、制約が多いのも否めない現実。そこで、＋αの料金がかかるけれども、より旅のスケールをアップさせるために、他の交通機関との併用を考えてみたい。

●フェリー

フェリー利用のメリットは、JRの普通列車では制約が多かったり、遠回りをしなければならない区間のスムーズな移動、長距離の夜行便利用で時間の有効活用、などが考えられる。例えば、青森～函館間。この区間は、普通列車が走っていないため、特急の普通車自由席に普通乗車券だけで乗れる特例区間となっているが、『青春18きっぷ』利用者には制約が多い。ここをフェリーなら1日10往復以上の便があり、列車よりも便利だ。四国～九州間も、普通列車を乗り継ぐと、瀬戸大橋、関門トンネルを抜けて、と遠回りが必要になるが、フェリーを使えば効率的な移動が可能になる。

また、大洗～苫小牧、新潟～小樽、大阪～志布志などのように、本州～北海道、本州～九州を結ぶ長距離の航路もある。『青春18きっぷ』で乗車できる夜行列車がない地域では、別途料金が必要になるが、寝ている間に長距離を移動できるフェリーはありがたい存在だ。

●夜行バス

近年、高速道路網の拡充に合わせ、路線も多くなってきており、かなり割安感があるのが特徴。夜行快速列車のない北海道や九州、東北、北陸、山陰方面などにも路線が数多くあるので、『青春18きっぷ』と組み合わせて使えばかなり旅の効率がよい。また、最近の夜行バスは、ゆったりとしたシートを装備して定員を30人以下におさえたトイレ付きの車両もあったりと、快適さも十分だ。

夜行列車と大きく異なるのは運行形態。起点周辺で乗客を集め、終点付近まで直行するパターンなので、運行経路上に乗車／下車できる〝停車駅〟はほとんどないので、注意が必要だ。

●夜行列車

『青春18きっぷ』の旅をより有効にするための定番が、夜行快速「ムーンライト」。定期列車としては、東京～大垣の「ながら」と新宿～新潟の「えちご」の2往復。全席指定席となるため、前もって指定券の購入が必要（乗車する日の1カ月前の10時から発売）だが、購入してしまえば、眠っている間に数百㎞も移動できるのだから、行動範囲を大きく広げられる。また、『青春18きっぷ』の有効期間に合わせるように、臨時列車が各方面に運行されるので、ぜひチェックしておきたい。

旅ワザ
裏ワザ

青春18きっぷでどこまでも遠くへ

東京・名古屋・大阪を起点として、『青春18きっぷ』1枚で、いったいどこまで行くことができるのかをマップに表してみた。東北本線の盛岡〜青森間や鹿児島本線の八代〜鹿児島中央間が第3セクター化されたこともあって青森県、北海道、宮崎県、鹿児島県には残念ながらその日中に行けないものの、その他の地域は案外カバーできることがわかる。特急などの「ちょい乗り」も使えば日本中に行ける!?

「とにかく遠くまで行きたい!」という方はもちろん、自分の体力やスタイルに合った旅のプランニングの参考に活用してほしい。

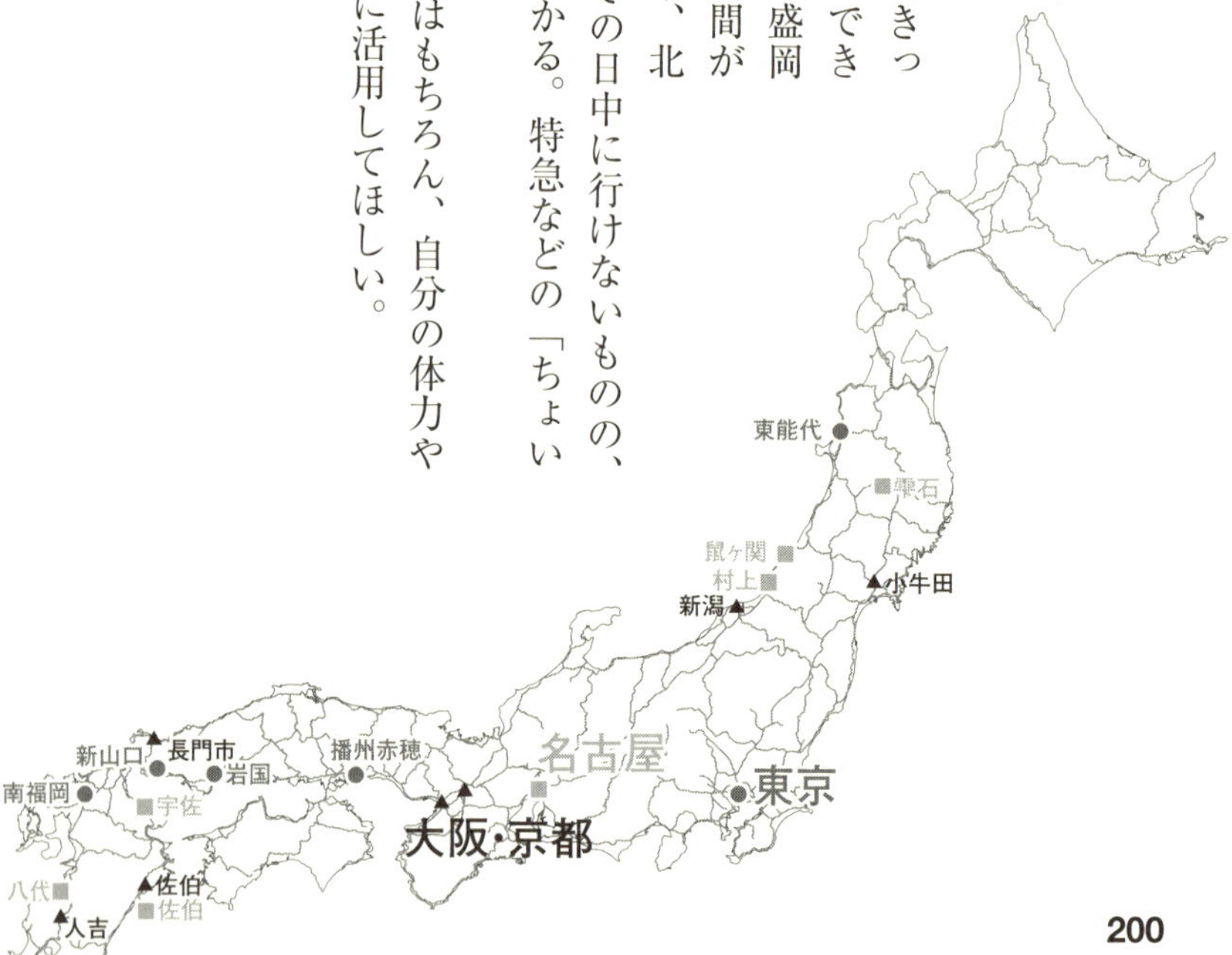

●東京発

東京から九州方面に向かうには東海道・山陽本線を使う。品川発５時10分の列車に乗れるなら、その日のうちに福岡県の八幡まで行ける。八幡からは日付が変わるので１２５０円を追加し、鹿児島本線の博多の隣、南福岡まで辿り着く。品川発の東海道本線の列車に乗るのが難しい場合、東京発５時20分に乗車すると山口県の新山口までその日のうちに行ける。

北へのルートは上野から高崎線・上越線を利用した場合、東北方面なら秋田県の東能代、長岡から信越本線・北陸本線を経由すると、播州赤穂まで行くことができる。また、上野から東北本線を北上すると、盛岡から田沢湖線、奥羽本線経由で東能代へ繋がる。

東海道本線	品川 5時10分 → 南福岡 1時26分 東京 5時20分 → 新山口 23時46分
中央本線	立川 6時46分 → 岩国 0時34分
東北本線	上野 7時58分 → 東能代 22時26分
高崎線	上野 5時13分 → 東能代 22時26分 → 播州赤穂 0時02分

●大阪・京都発

大阪や京都から東海道本線の上りを使うと最速で15時48分に東京へ着く。そこから上野へ出るか、あるいは大船付近で湘南新宿ラインに乗り継いで東北本線か高崎線で北を目指すと、日付が変わって間もない時刻に新潟、もしくは宮城県の小牛田まで行くことができる。

西へ向かう場合は山陽本線経由で関門トンネルをくぐり、大分県の佐伯（22時06分着）まで行ける。熊本方面は八代から肥薩線に乗りかえて人吉に22時04分に着く。また長崎へは21時17分着と、割と早い時間に到着できる。

なお、京都から山陰本線を進むと島根県の益田に20時20分着。このまま山陰本線を西へ向かえば山口県の長門市に23時15分に着く。

東海道本線 上り	大阪 5時59分 → 新潟 0時15分 → 小牛田 0時12分
東海道本線 下り	大阪 5時59分 → 佐伯 22時06分 → 人吉 22時04分
山陰本線	京都 5時32分 → 長門市 23時15分

●名古屋発

東海道本線の上りで東へ向かうと東京着が12時26分。そこからは「大阪・京都発」と同様に上野で乗り換え、あるいは湘南新宿ラインで北へと進路をとれば新潟県の村上、または岩手県の雫石がその日に行ける限界駅となる。

名古屋から中央本線で長野・直江津を経由して羽越本線に入れば山形県の鼠ヶ関まで行くことも可能。

九州へと向かうなら東海道・山陽本線を経由し、小倉から日豊本線で南下すると大分県佐伯まで、鹿児島本線を行けば熊本県八代へ辿り着ける。

東海道本線上り	名古屋 5時48分 → 村上 22時23分 → 雫石 22：32分
東海道本線下り	名古屋 6時13分 → 佐伯 0時01分 → 八代 23時29分
山陰本線	名古屋 6時15分 → 鼠ヶ関 22時51分

旅ワザ
裏ワザ

夜行快速ムーンライトを乗りこなせ！

青春18きっぷの旅に彩りを添えてくれるかのような「快速ムーンライト」の存在。東京〜大垣間の夜行列車で一番人気の「ながら」、新宿〜新潟間の「えちご」を利用して首都圏を起点にもっと遠くへ行くためのルートをご案内。

●東京―大垣

ムーンライトながら

東海道本線の東京〜大垣間を運行する夜行快速列車。東京から豊橋まで全車両が指定席、豊橋から大垣までは全車両が自由席となる。大垣から効率良く乗り継いで行くと、東京を出発して約20時間で九州上陸、さらにその日のうちに熊本まで行くことができる。

得ワザ

「青春18きっぷ」を1枚ムダにしないために

東京から乗車するときは、24時以降に初めて停まる小田原までの普通運賃（1450円）を購入しておき、小田原を過ぎてから18きっぷを使用すれば、1枚ムダにしなくて済む。

Check!

臨時列車ムーンライトながら91号

春休み・ゴールデンウィーク・夏休み・年末年始などの時期に臨時運行する。2008年の夏期は8月1〜17日の運行で、東京23：20発、大垣5：55着。また、ほぼ同時期に上りの大垣〜東京も92号として運行する。

●「ムーンライトながら」から主な駅への到着時間

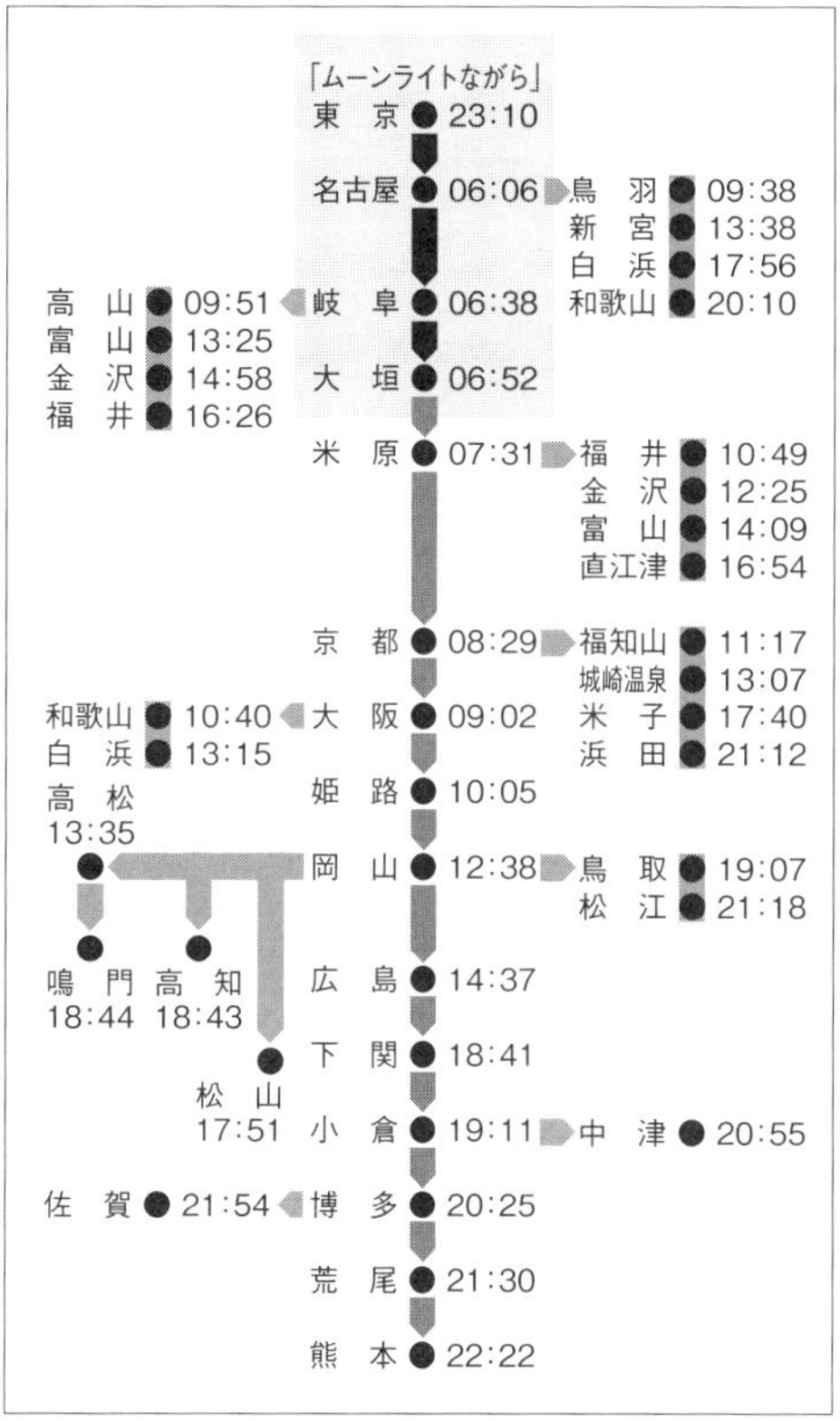

旅ワザ

シートをチェック

2人がけ用の一般的な特急車両のリクライニングシートが設置されている。また、車両の車端部に4人がけのコンパートメント（ボックスシート）がある。こちらはリクライニングシートではないが、グループ旅行におすすめ。

●新宿―新潟

ムーンライトえちご

新宿～新潟間を運行する夜行快速列車だ。全区間指定席なので別途指定席券が必要になる。車両には、一般的な特急車両のリクライニングシートが設置されている。普通車両は青色、6号車は女性専用の〝レディースシート〟でピンク色のシートになっている。

新潟から羽越本線へと乗り継げば、17：10に青森着。急行はまなす（22：42）での函館入りが格安だが、青森から特急スーパー白鳥（４８３０円）または蟹田から特急スーパー白鳥（４０３０円）利用で、24時間以内の函館到着も可能だ。

得ワザ　高崎からの乗車で９４０円もお得に！

「青春18きっぷ」を使用する場合、24時以降に初めて停まるのは高崎なので、通常はそこまでの普通運賃１８９０円を購入する。しかし、もっと格安で乗車する方法がある。

上野発23：06の普通電車に乗車し、高崎で「ムーンライトえちご」に乗り換えれば乗車券は吹上までの９５０円でＯＫ（前述の普通列車なら吹上で日付が変わるため）。高崎で乗り換えてから車掌にスタンプを押してもらえばいい。

旅ワザ　指定券を購入しよう！

各ムーンライトは全席指定席のため、指定席券が必要。「青春18きっぷ」期間は人気なので発売日に購入したい。発売日は列車が始発駅を発車する日の1カ月前の同じ日の10時。みどりの窓口などで一斉発売。

●「ムーンライトえちご」から主な駅への到着時間

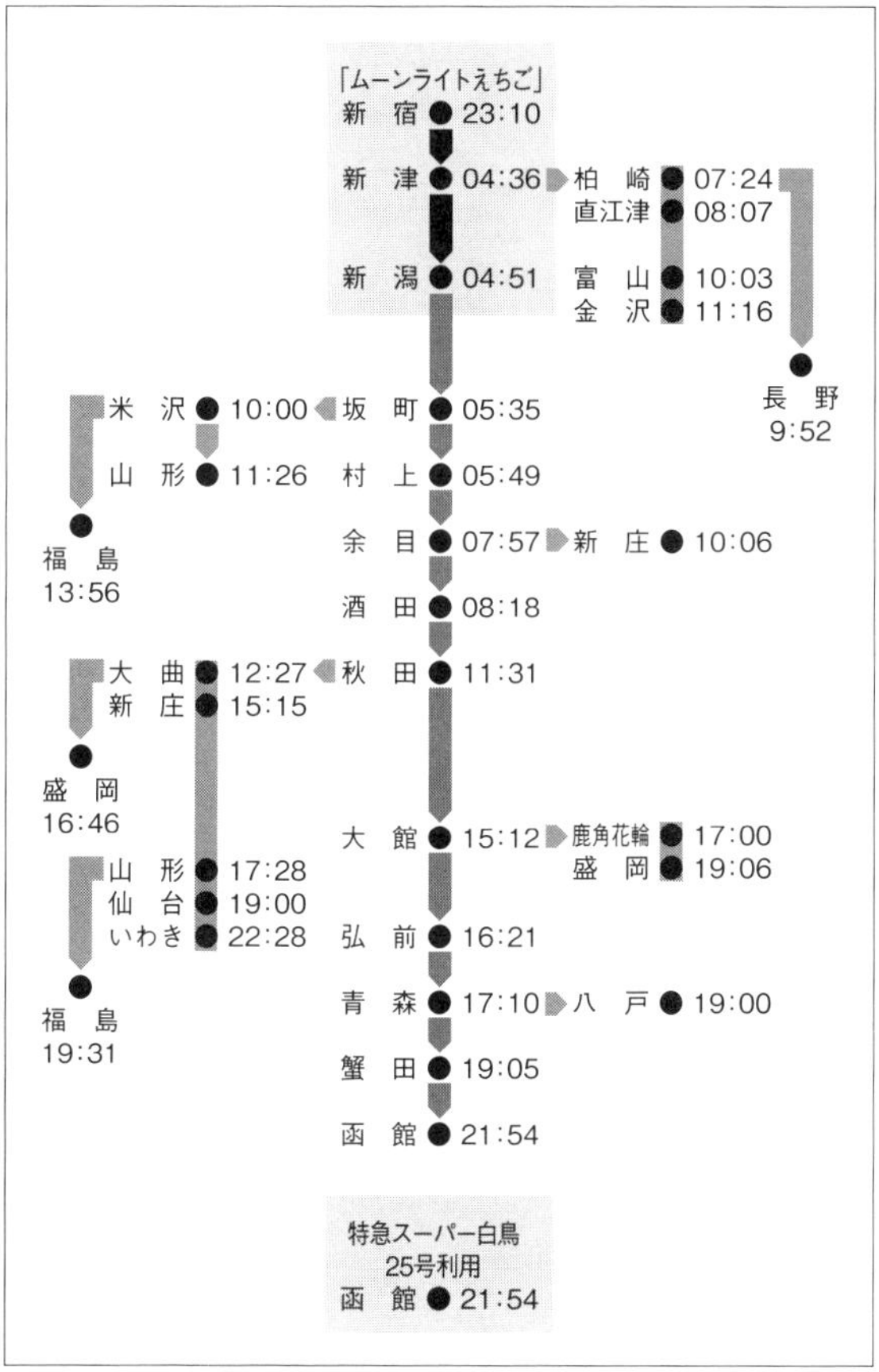

旅ワザ
裏ワザ

全国臨時夜行快速ムーンライトシリーズ

『青春18きっぷ』の利用期間内にほぼ運転される臨時快速「ムーンライト××」を紹介。どの列車も人気が高いので指定席券の購入はお早めに!!

※臨時電車のため、運行日・時間は確認を。

●新大阪―博多
ムーンライト九州

夜行快速の中では最長距離の622・9㎞を走る人気列車で、上下列車とも岡山～厚狭間の途中駅は通過となる。JR線では数少なくなった客車列車（電気機関車が引っ張る列車）を使用しており、鉄道ファンからも根強い人気がある。

下り列車は博多着が土・日曜の場合は到着時刻が25分ほど遅くなるので、接続列車との乗り継ぎには注意が必要だ。全車普通車指定席。

2159	新大阪	0649
2207	大阪	0641
0025	岡山	0408
0553	門司	2231
0727	博多	2028

この夏の運転日

●新大阪発→7月25日～8月17日運転
（新大阪発→7月25日～8月16日の金・土曜は博多着7時52分に変更）

●博多発→7月26日～8月18日運転
（博多発→7月26日～8月16日の金・土曜は京都着6時48分に変更）

●新宿―白馬

ムーンライト信州81号

夏は登山客、冬はスキーヤーに人気の「ムーンライト信州」。後続に兄弟列車の「ムーンライト信州83号」が運転されることもある。新宿を出て、0時を過ぎて最初に停まる立川までは新宿から４５０円。終点の白馬から大糸線を乗り継げば日本海側の糸魚川に８時46分に到着できる。全車普通車指定席。残念ながら下り列車のみの運転だ。

2354	新宿
0029	立川
0223	甲府
0432	松本
0536	白馬

この夏の運転日

●新宿発→7月18日～8月16・22・23・29・30日・9月5・12・19・26日運転

●京都―高知・松山

ムーンライト高知
ムーンライト松山

京都から四国の多度津まで併結運転している（単独運転の日もあり）。今年の夏の運転日はまだ発表されていないので今後、時刻表やホームページなどで確認しよう。なお、ムーンライト高知は全車グリーン車指定席で運転される場合があるが、その日は青春18きっぷで乗車することはできないので注意。

下り	駅	上り
2324	京都	0644
0015	大阪	0604
0310	岡山	0344
0713	高知	2306

下り	駅	上り
0745	松山	2240

この夏の運転日（未定）

旅ワザ
得ワザ

お得きっぷ厳選ガイド

JR各社からは、青春18きっぷのほかにも便利でお得なきっぷがたくさん発売されている。その中で代表的なものをここで紹介するが、フリーきっぷタイプや往復乗車券タイプなどさまざまなものがあるので、目的に合わせて、よりお得なきっぷを探してみよう。

周遊きっぷ

上手に組み合わせて使うセミオーダータイプのきっぷ

周遊きっぷとは、目的地周辺のフリーきっぷに、往復の乗車券をプラスした3枚がセットになったもの。JR線の任意の駅から出発し、全国各地の「周遊ゾーン」を1つだけ訪問し、再び出発駅に戻ってくる旅に最適だ。出発駅と帰着駅が同一で、ゆき券、かえり券ともJRを201km（小数点以下は切上げ）以上利用することなどが条件となる。

ゆき券&かえり券

出発駅と周遊ゾーンの最初の入口（出口）駅との間を往復するきっぷ。行きと帰りで、ある程度経路を変える、寄り道をするといったこともできる。

ゾーン券

周遊ゾーン内のJR線の特急や一部の新幹線などの普通車自由席が5日間何回でも自由に利用できる。周遊ゾーンは、北海道から九州まで34ヶ所設定されている。

ゆき券
出発駅～目的ゾーン駅までの
乗車券（201km 以上）

＋

かえり券
目的ゾーン駅～出発駅までの
乗車券（201km 以上）

＋

ゾーン券
設定されたフリー区間

●JR東日本 土日きっぷ

連続する土日の2日間、新幹線も特急も乗り放題

東京近郊区間はもちろん、JR東日本管内のフリーエリアで、すべての列車の普通車自由席が、土日の2日間自由に乗り降りできる。あらかじめ窓口に申し込めば、普通車指定席も4回まで利用が可能。ただし、東海道新幹線は利用できない。また、発売は利用開始日の1ヶ月前から前日までとなっており、当日は買えないので注意。フリーエリアは羽越本線酒田、陸羽西線、奥羽本線湯沢、東北新幹線古川、東北本線小牛田、陸羽東線、石巻線以南のJR東日本全線と北越急行、伊豆急行の全線。

新幹線　特急列車　自由席　北越急行　伊豆急行

●料金

おとな	中高生	こども
18000円	9000円	3000円

●期間

利用期間…連続する土曜・日曜2日間有効。（4/27 ～ 5/6、8/11 ～ 20、12/28～1/6にあたる土日は利用不可）

●JR東日本 ホリデーパス

土日やGW・夏休みなど ホリデー用のフリーきっぷ

東京都内と、近郊6県（神奈川・千葉・埼玉・栃木・茨城・山梨）のフリーエリア内が1日乗り放題。青春18きっぷと違い、特急・急行列車や新幹線は、別途特急券や急行券を追加購入すれば乗車することができるのがうれしいきっぷだ。

普通列車　特急券別購入　東京臨海高速鉄道　東京モノレール

●料金

おとな	こども
2300円	1150円

●期間

土日・休日および4月29日～5月5日・7月20日～8月31日・12月29日～1月3日のいずれか1日

●JR北海道

北海道フリーパス

広大な北の大地の旅に役立てたいお得なパス

北海道内の特急・急行列車、ジェイ・アール北海道バス（一部の都市間バス除く）、海峡線の普通車自由席が7日間乗り放題。グリーン車用は、指定席も6回まで利用可能だ。道内の特急・急行列車のグリーン車に加え、「まりも」B寝台を利用することができる。ただし、「北斗星」「はまなす」など、本州へ直通する列車のB寝台は利用できない。

特急列車　自由席　こども同額

●料金

普通車用	グリーン車用	有効期間
23400円	34500円	7日

●期間

通年（8月13日～17日、12月29日～1月4日をのぞく）

●JR四国

四国フリーきっぷ

四国4県をまたにかけ、自由自在に旅行できる

JR四国内（宇多津―児島間を含む）の普通列車と特急列車自由席、高速バスを除くJR四国バス全線、窪川～若井間の「土佐くろしお鉄道」が、いつでも連続する3日間乗り放題。四国4県をめぐったり、列車でお遍路さんに挑戦してみようという時に心強いフリーきっぷ。瀬戸大橋線経由により本州から直通した場合は、児島駅よりフリーパス区間が始まるため、別途児島駅までのきっぷが必要になるのでご注意を。なお、「サンライズ瀬戸」「ムーンライト高知・松山」は利用できない。

特急列車　自由席　こども半額　指定会社線　土佐くろしお鉄道

●料金

おとな	こども	有効期間
15700円	7850円	3日

●期間

通年

18きっぷと連動したJR以外のお得きっぷetc.

以下の路線では、青春18きっぷを呈示することで、普通運賃より断然おトクな「1日乗り放題きっぷ」を発行してくれる。通常料金や普通のフリーきっぷよりもおトクな価格設定になっているきっぷばかりなので、ＪＲのみにこだわらず18きっぷと組み合わせて上手に使い、よりローカル線の途中下車を楽しめるような旅を計画してみよう。

三鉄1日とく割フリーパス　■三陸鉄道

北も南も通常フリーパスの約半額！

乗車当日の日付が押印された『青春18きっぷ』を提示した場合に限り購入できる一日乗り放題のきっぷ。久慈、宮古、釜石、盛の各駅で発売。

●料金　北リアス線（久慈～宮古）９００円、南リアス線（釜石～盛）５３０円

ＫＴＲ青春フリーきっぷ　■ＫＴＲ北近畿タンゴ鉄道（西舞鶴～豊岡、宮津～福知山）

西舞鶴～豊岡往復で２８６０円もおトク！

乗車当日の日付が押印された『青春18きっぷ』を提示した場合に限り購入できる。北近畿タンゴ鉄道線内全区間乗り放題（特急列車をご利用の場合は、所定の運賃と特急料金が必要）。

●料金　５００円

おれんじ18フリーきっぷ　■肥薩おれんじ鉄道（八代駅～川内駅）

片道だけで550円おトクに！

乗車当日の日付が押印された『青春18きっぷ』を提示した場合に限り購入できる一日乗り放題のきっぷ。八代、日奈久温泉、肥後田浦、佐敷、水俣、出水、西出水、野田郷、阿久根、川内の各駅で発売。

●料金　2，000円

旅ワザ
得ワザ

「青春18きっぷ」の旅をもっと快適に！

●JRホテルグループを活用

意外と知られていないのが、JRホテルグループの宿泊料金割引の特典。「東京予約センター」に電話で申し込み、『青春18きっぷ』利用の旨を伝えて、到着時にきっぷを呈示すれば、JRホテルグループに加盟しているホテルの宿泊料金が割引になるのだ。ホテル一覧については、時刻表の表紙をめくった裏側などに書かれているので、確認してみよう。いずれも駅から至近距離（直結もあり！）にあるので、便利度も高い。

JRホテルグループ 東京予約センター　03-3216-0489
（9：30～18：00／土・日・祝日休）

●女性におすすめ〝レディースカー〟

新宿と新潟を結ぶ快速「ムーンライトえちご」の6号車は女性専用車両〝レディースカー〟

になっている。最近は長距離夜行バスや、ＪＲの寝台車にも〝女性専用車〟が増えてきているが、『青春18きっぷ』で利用できる定期夜行列車ではこの「ムーンライトえちご」のみに連結されている。

青春18きっぷファンの女性には心強い味方になるだろう。指定席料金などは通常と同じ。予約の時に〝レディースカー〟を指定するだけでＯＫだ。女性のひとり旅なら〝レディースカー〟への乗車も旅行のよいアクセントになるはず。

●余裕を持てば楽しさ2倍！

『青春18きっぷ』を手にすると、「なるべく遠くまで乗る」ことについ走ってしまいがち。もちろんそういう旅も面白いが、あまり距離や早さにこだわらず、途中下車をくり返すのんびりした旅も楽しい。

例えば東京から大阪まで東海道本線の列車を乗り継いで行く場合、熱海の喫茶店でコーヒーを一杯飲んで、浜松でうな丼を食べて、彦根では琵琶湖を眺めながらちょっと散歩するといった感じ。ほんの3～4時間余裕を持てばこんな楽しみ方もできる。また、余裕をもって乗り換えれば座席に座れる確率もグーンとアップする。

旅ワザ
得ワザ

7都市発

（東京・名古屋・大阪
札幌・仙台・岡山・博多）

どこまで行けばお得？
境界線を地図で学ぶ

とてもリーズナブルに旅ができると思われている青春18きっぷだが、現実には、一回あたり片道２３００円以上、一日で往復するなら片道１１５０円以上の区間を往復しなければ〝お得〟にはならない。そこで、この地図では一回分のきっぷでどこまで行けばお得になるのか、その境界線を分かりやすいマップにしてみた。この地図を参考にして、よりお得におとなの「青春18きっぷ」の旅を楽しんでほしい。

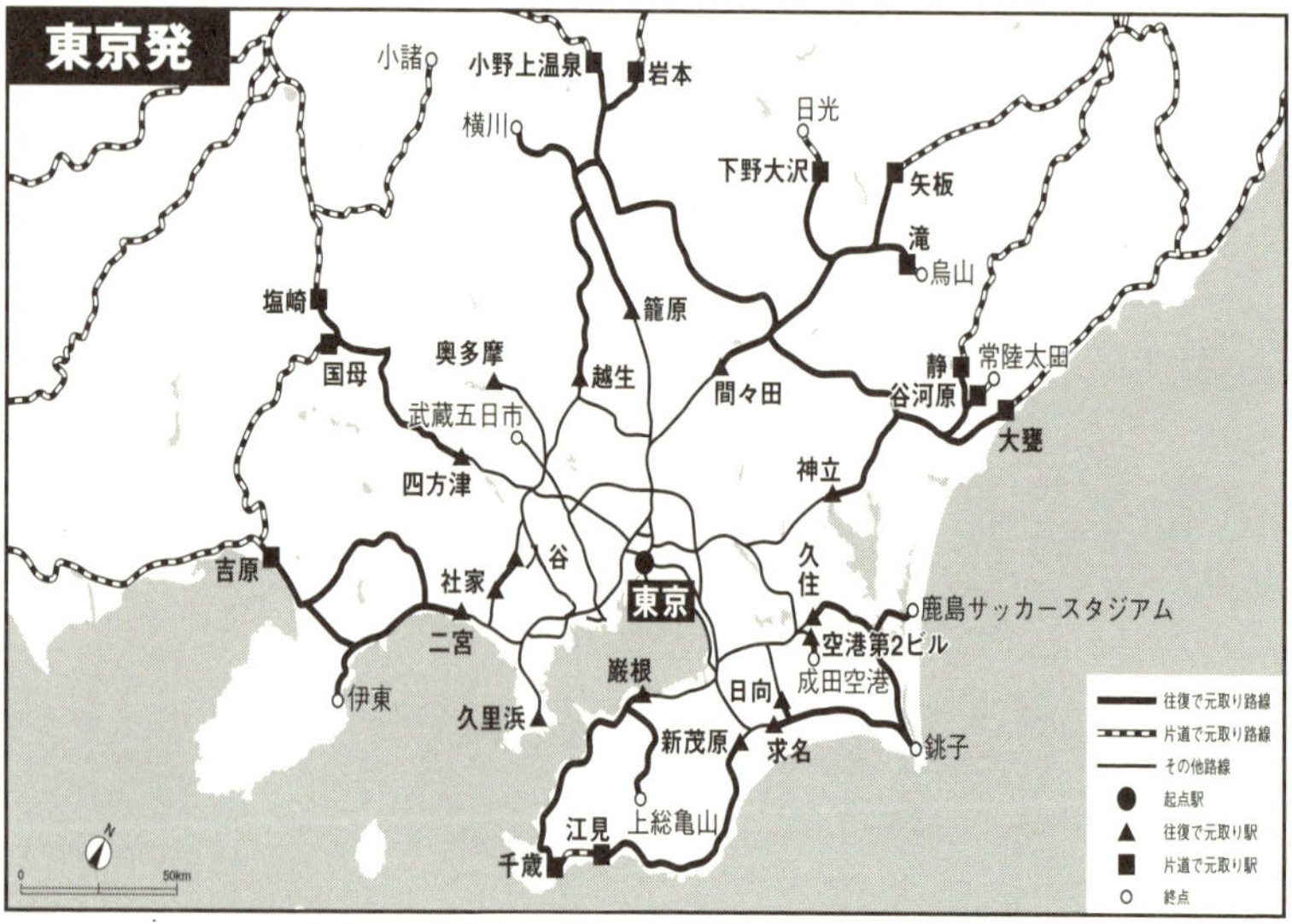

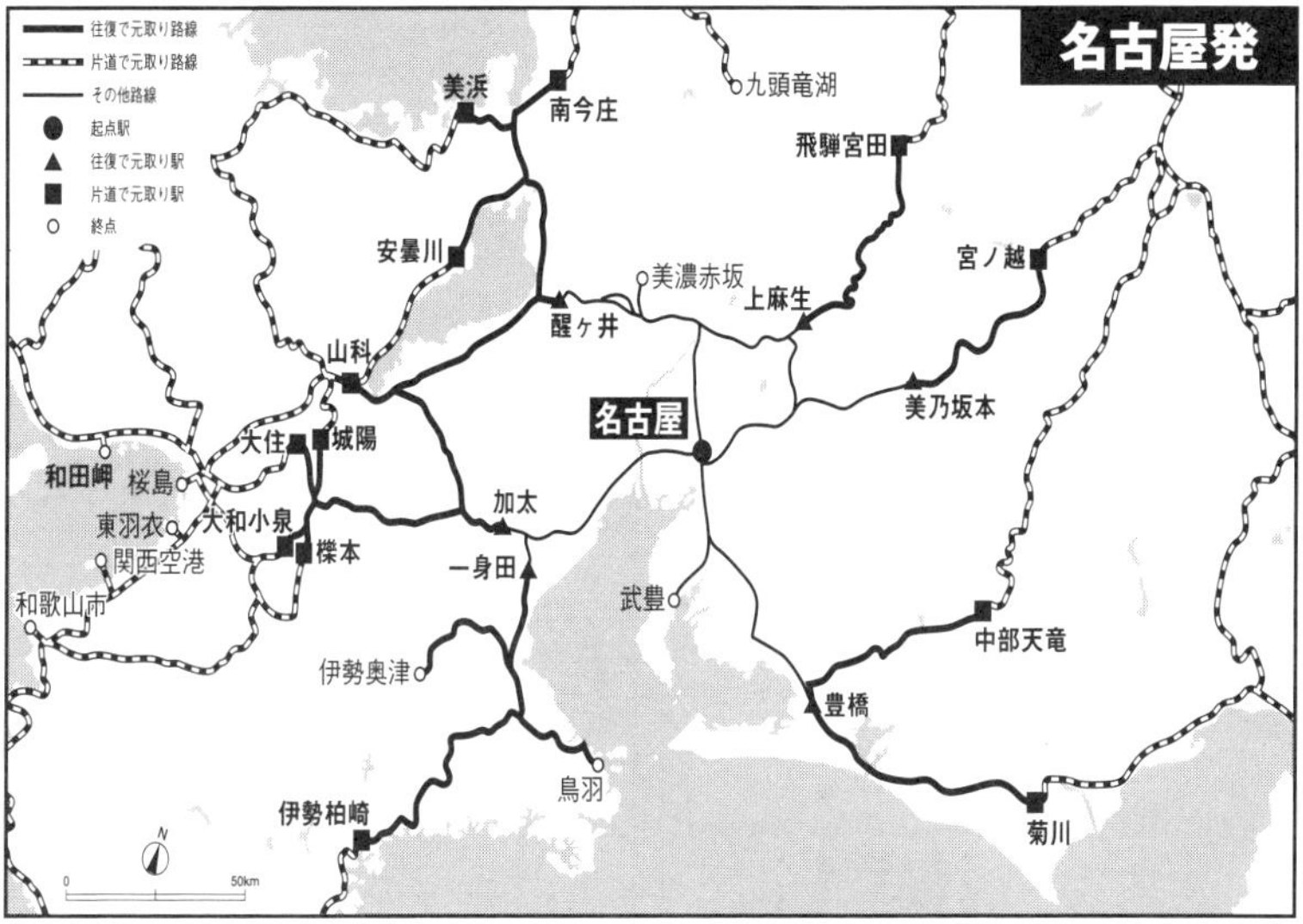
名古屋発
往復で元取り路線
片道で元取り路線
その他路線
起点駅
往復で元取り駅
片道で元取り駅
終点
九頭竜湖
美浜
南今庄
飛騨宮田
安曇川
美濃赤坂
宮ノ越
醒ヶ井
上麻生
山科
美乃坂本
名古屋
大住
城陽
和田岬
桜島
加太
東羽衣
大和小泉
櫟本
関西空港
一身田
武豊
和歌山市
中部天竜
伊勢奥津
豊橋
鳥羽
伊勢柏崎
菊川
N
0
50km

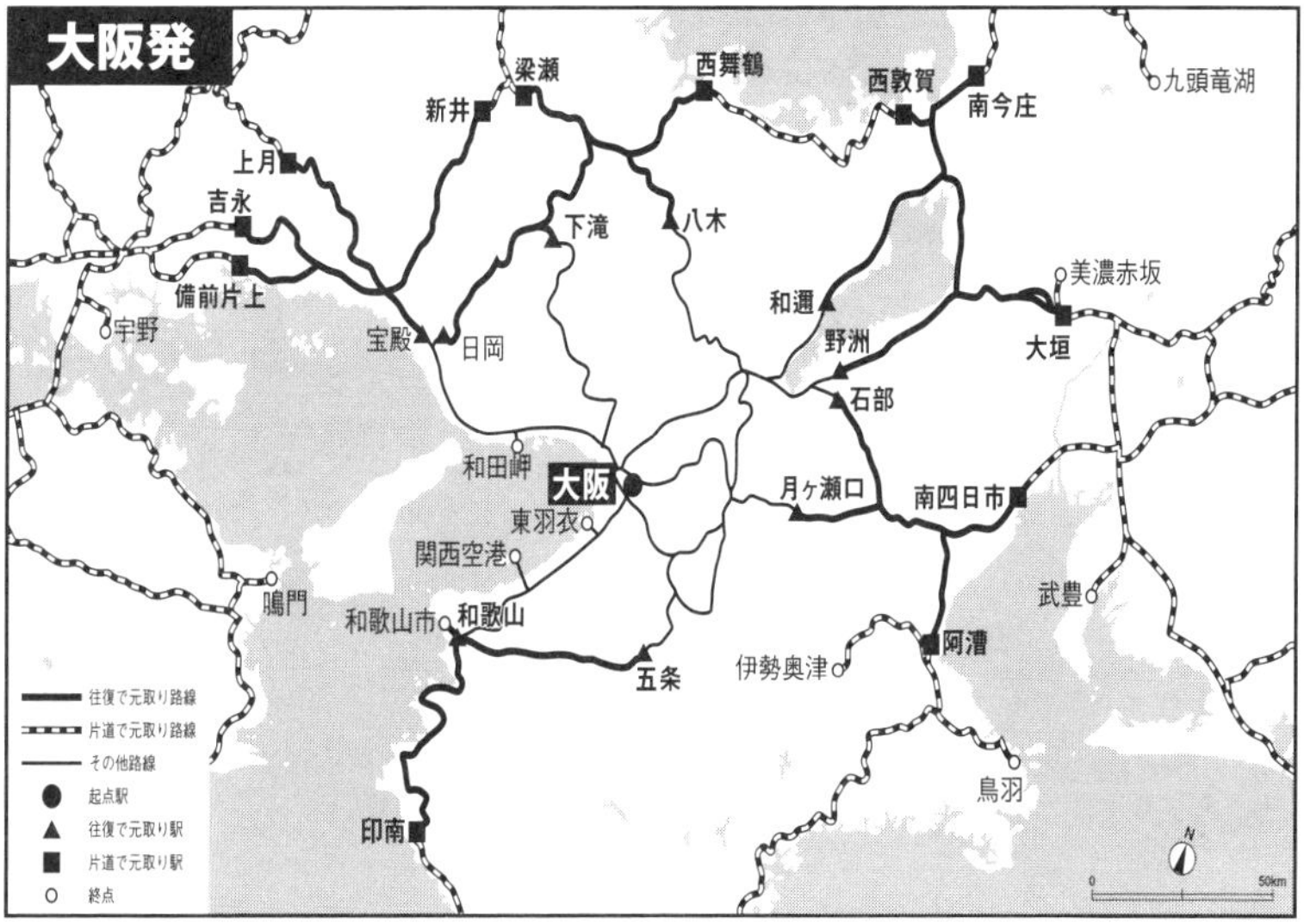
大阪発
梁瀬
西舞鶴
西敦賀
南今庄
九頭竜湖
新井
上月
吉永
下滝
八木
備前片上
美濃赤坂
和邇
宇野
宝殿
日岡
野洲
大垣
石部
和田岬
大阪
月ヶ瀬口
南四日市
東羽衣
関西空港
鳴門
武豊
和歌山市
和歌山
阿漕
五条
伊勢奥津
往復で元取り路線
片道で元取り路線
その他路線
起点駅
往復で元取り駅
片道で元取り駅
終点
鳥羽
印南
N
0
50km

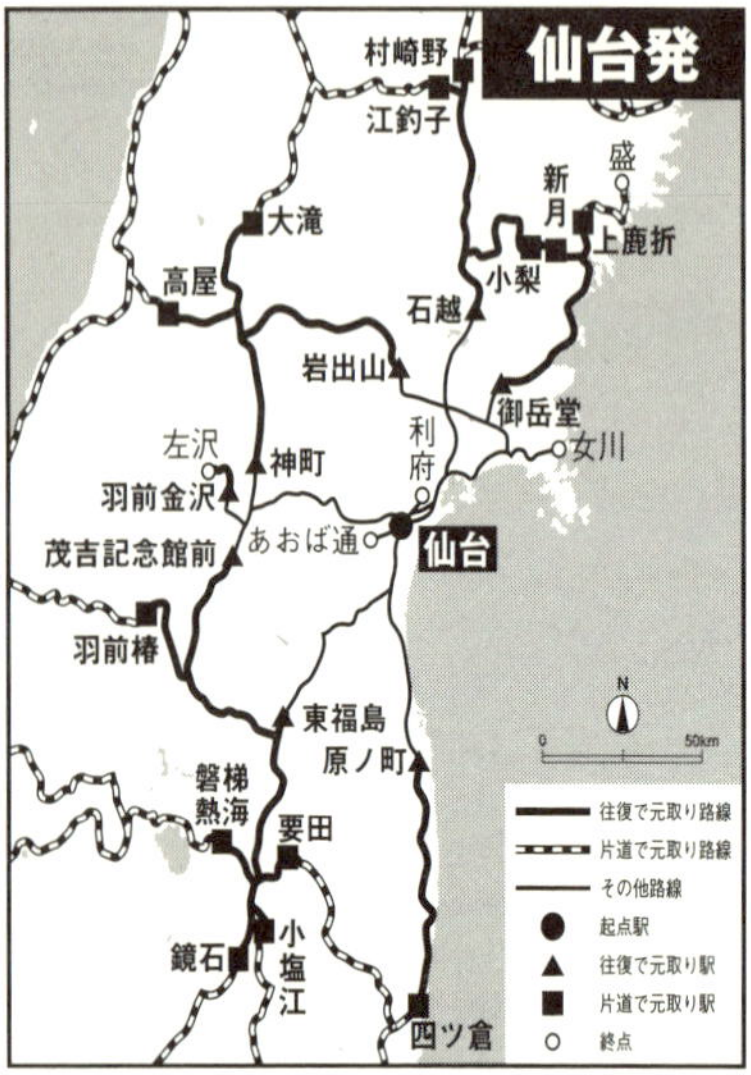
仙台発
村崎野
江釣子
盛
新月
上鹿折
大滝
小梨
高屋
石越
岩出山
御岳堂
利府
女川
左沢
神町
羽前金沢
茂吉記念館前
あおば通
仙台
羽前椿
東福島
原ノ町
磐梯熱海
要田
鏡石
小塩江
四ツ倉
N
0
50km
往復で元取り路線
片道で元取り路線
その他路線
起点駅
往復で元取り駅
片道で元取り駅
終点

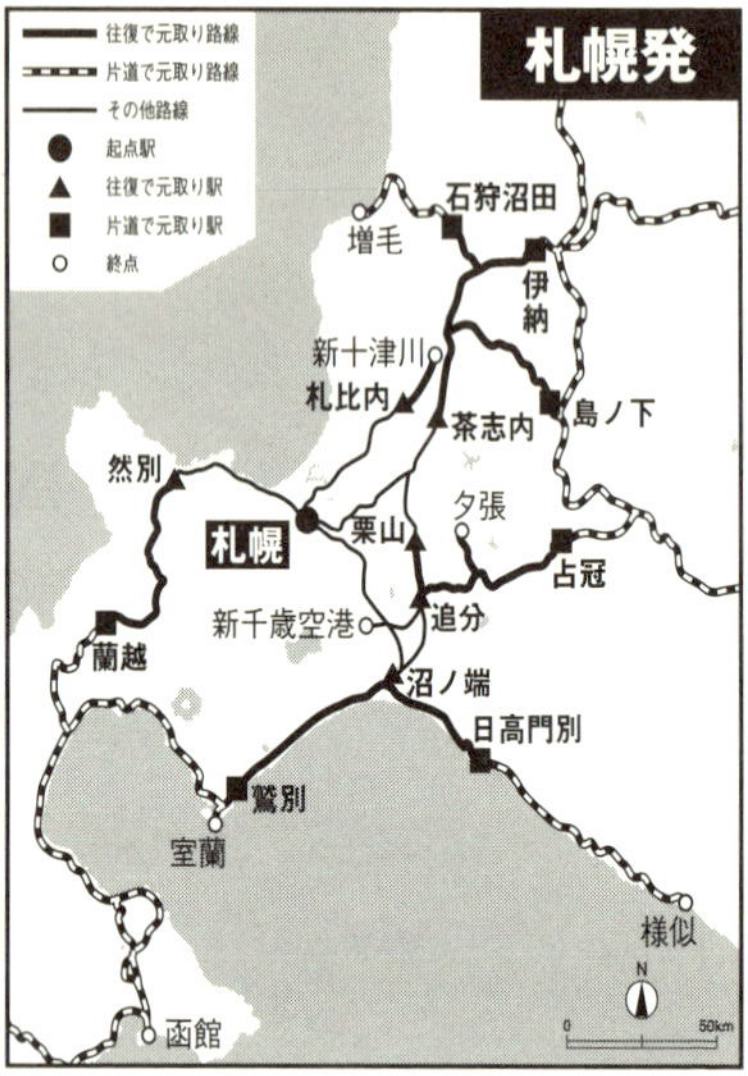
往復で元取り路線
片道で元取り路線
その他路線
起点駅
往復で元取り駅
片道で元取り駅
終点
札幌発
石狩沼田
増毛
伊納
新十津川
札比内
茶志内
島ノ下
然別
夕張
札幌
栗山
占冠
追分
新千歳空港
蘭越
沼ノ端
日高門別
鷲別
室蘭
様似
函館
N
0
50km

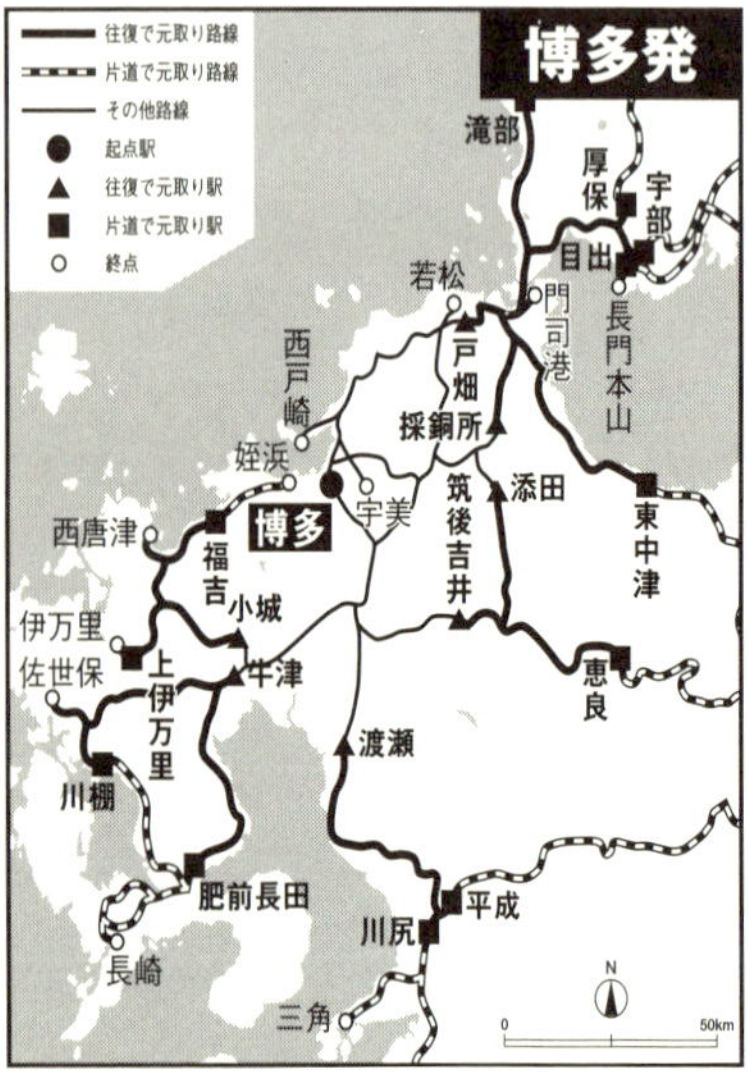
往復で元取り路線
片道で元取り路線
その他路線
起点駅
往復で元取り駅
片道で元取り駅
終点
博多発
滝部
厚保
宇部
目出
若松
門司港
長門本山
西戸崎
戸畑
採銅所
姪浜
宇美
博多
筑後吉井
添田
東中津
西唐津
福吉
小城
伊万里
佐世保
上伊万里
牛津
恵良
渡瀬
川棚
肥前長田
平成
川尻
長崎
三角
N
0
50km

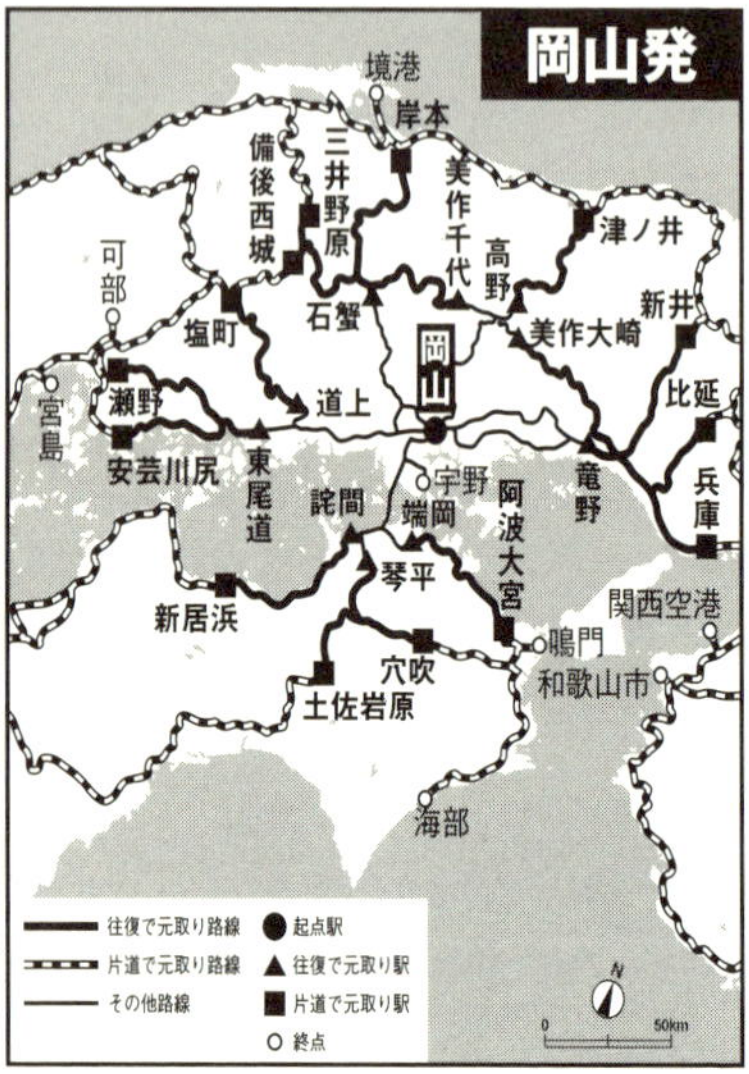
岡山発
境港
岸本
備後西城
三井野原
美作千代
高野
津ノ井
可部
塩町
石蟹
岡山
美作大崎
新井
宮島
瀬野
道上
比延
安芸川尻
東尾道
宇野
竜野
兵庫
詫間
端岡
阿波大宮
琴平
関西空港
新居浜
鳴門
穴吹
和歌山市
土佐岩原
海部
往復で元取り路線
片道で元取り路線
その他路線
起点駅
往復で元取り駅
片道で元取り駅
終点
N
0
50km

【出発地別境界駅DATA】

東京発

片道2300円以上の境界駅

東海道本線	吉原駅
中央本線	塩崎駅
上越線	岩本駅
東北本線	矢板駅
常磐線	大甕駅

往復2300円以上の境界駅

東海道本線	二宮駅
中央本線	四方津駅
上越線	籠原駅
東北本線	間々田駅
常磐線	神立駅

名古屋発

片道2300円以上の境界駅

東海道本線（上り）	菊川駅
東海道本線（下り）	山科駅
中央本線	宮ノ越駅
高山本線	飛騨宮田駅
北陸本線	南今庄駅
紀勢本線	伊勢柏崎駅

往復2300円以上の境界駅

東海道本線（上り）	豊橋駅
東海道本線（下り）	醒ケ井駅
中央本線	美乃坂本駅
高山本線	上麻生駅
紀勢本線	一身田駅

大阪発

片道2300円以上の境界駅

東海道本線	大垣駅
山陽本線	吉永駅
北陸線	南今庄駅
紀勢本選	印南駅
山陰本線	梁瀬駅

往復2300円以上の境界駅

東海道本線	野洲駅
山陽本線	宝殿駅
湖西線	和邇駅
紀勢本線	和歌山駅
福知山線	下滝駅

おとなの「青春18きっぷ」の旅
旅の思い出スタンプ帳

年　　月　　日　　　　　　の旅

メモ

年　　月　　日　　　　　　　　の旅

メモ

年　　月　　日　　　　　　の旅

メモ

年　月　日　の旅

おとなの青春18きっぷの旅
得ワザ&口コミガイド

2008年6月28日　初版発行

発 行 人：大沢広彰
編 集 人：三木浩也
発 行 所：株式会社学習研究社
〒145-8502　東京都大田区上池台4丁目40番5号

印 刷 所：凸版印刷株式会社

編　　集：水谷隆介(編集長)、吉村理子(副編集長)、金野拓也、松本明世、小堀沙千穂
編集協力：株式会社天夢人
表紙写真：徳永靖
カバーデザイン：ニイモモクリエイト／石井恵理子
写真協力：徳永靖、指宿市役所、四万十町役場本庁、JR北海道、(株)西和賀産業公社
地図製作：株式会社ジェオ

D T P：株式会社明昌堂
印　　刷：凸版印刷株式会社

※本書は、弊社刊「おとなの青春18きっぷの旅」の一部記事を、加筆修正のうえ、再編集しています。
※記事内の列車の発着時刻、料金、イベント日程などのデータは、2008年5月末現在のものです。

この本に関するお問い合わせは、下記までお願いします。
【電話の場合】 ●編集内容に関するお問い合わせ　編集部直通☎03-5496-1784
●在庫不良品(乱丁・落丁)に関するお問い合わせ　出版販売部☎03-3726-8188
●それ以外のお問い合わせ　学研お客様センター　☎03-3726-8124
【文書の場合】〒146-8502　東京都大田区仲池上1丁目17番15号
学研お客様センター「おとなの青春18きっぷの旅　得ワザ&口コミガイド」係